# Der Biogarten für Einsteiger

## Basiswissen und Praxis

**MARIE-LUISE KREUTER**

# Was Sie in diesem Buch finden

# Die Grundlagen des Biogärtnerns

Wer den Wunsch vom gesunden Leben im eigenen Garten verwirklichen will, braucht dazu eine verlässliche und umfassende »Gebrauchsanleitung«. Im folgenden Kapitel erfahren Sie Grundsätzliches über Boden, Pflanzenernährung und gute Nachbarschaften unter Pflanzen: Mit diesen Informationen legen Sie den Grundstock, um als Biogärtner erfolgreich zu sein!

# Vom Bauerngarten zum Biogarten

Die Wurzeln des Biogartens reichen tief in die Vergangenheit. Wer heute naturgemäß gärtnert, der verwirklicht nicht nur neue Erkenntnisse, er setzt auch sehr alte Traditionen fort. In den bäuerlichen Gärten der vergangenen Jahrhunderte waren die wichtigsten Grundlagen des biologischen Anbaus bereits bekannt: Kompost, organische Dünger, Mischkulturen und natürliche Schädlingsabwehr. Für die Gartenpraxis zahlreicher Generationen bedeutete das, was wir heute »alternativ« nennen, den allgemein üblichen Alltag.

Diese Kenntnis der natürlichen Anbau-Methoden ging eigentlich nur zeitweise verloren. In der zweiten Hälfte des 20. Jahrhunderts gewannen mit atemberaubender Schnelligkeit die Errungenschaften der modernen Technik und vor allem chemische Produkte die Überhand. Erst als dieser »Fortschritt« überall in der Natur seine zerstörerischen Folgen zeigte, besann man sich wieder auf die »biologischen« Alternativen. Im traditionellen Bauerngarten war jahrhundertelang eine bunt gemischte Anbaumethode üblich. Man nannte das damals noch nicht Mischkultur, aber in der Praxis gediehen Gemüse, Kräuter und Blumen stets in guter Nachbarschaft nebeneinander.

Die Trennung in essbare und schöne Gewächse, in Nutzgarten und Ziergarten, war eine spätere Erfindung, die sich in den Gärten der Bürger und Städter des 20. Jahrhunderts durchsetzte. Das Grundstück rund ums Wohnhaus diente nicht mehr der Selbstversorgung mit Gemüse-, Gewürz- und Heilpflanzen, sondern der Erholung, der Freizeit und dem Bedürfnis nach Schönheit. Je billiger man Obst und Gemüse im Geschäft um die Ecke kaufen konnte, desto seltener machte man sich die Mühe, sie noch auf dem eigenen Grund anzubauen. Selbst viele Hausgärten auf dem Lande wurden in den letzten Jahrzehnten ein Opfer des bequemeren Lebens. Wo früher auf buchsbaumumrahmten Beeten Salat, Kohl, Bohnenkraut und Madonnenlilien wuchsen, säte man »pflegeleichten« Rasen ein. Eine uralte Gartenkultur samt ihren wertvollen Erfahrungen geriet dabei zuerst unter den Spaten und dann in Vergessenheit. Inzwischen schlägt das Pendel zurück: Die Versorgung mit selbst gezogenem Gemüse und heilkräftigen Kräutern ist wieder gefragt. Und damit begann auch die Rückbesinnung auf gemischte Kulturen und natürliche Anbaumethoden. Im Garten dürfen nun neben Rosen und Stauden auch wieder Salate, Tomaten, Radieschen, Erdbeeren, Dill und Majoran wachsen.

## Aktuelle Tipps aus Großmutters Garten

Wie man die verschiedenen Pflanzen am besten miteinander kombiniert, kann man in moderner Bio-Literatur nachlesen. Es ist aber auch interessant, einmal den Spuren in die Vergangenheit zu folgen und alte Quellen zu entdecken. Manch ein bejahrter oder gar historischer Bio-Tipp erweist sich dabei als überraschend aktuell und brauchbar. In einem Kalender für »Die Landfrau« aus dem Jahre 1948 finden sich zum Beispiel, lange bevor es den Begriff »Biogarten«

gab, bereits zahlreiche **Vorschläge für die Mischkultur:**

*»Dicke Bohnen mit Spinat in Mischkultur. Der schnell wachsende Spinat wirkt gleichsam als wohltuender Sonnenschirm; unter seinem schützenden Schatten wird einer Bodenverkrustung entgegengewirkt. Die Bohnen bleiben gesund und bringen eine gute Ernte. Strauchbohnen und Zwiebeln hemmen sich gegenseitig. Strauchbohnen als Leit-, Frühkohl als Begleitpflanze fördern sich.*
*Frühkartoffeln mit Straucherbsen sind keine geeignete Mischkultur.*

Die Arbeit im Garten lag seit Jahrhunderten in den Händen der Bäuerinnen. Von ihrem Erfahrungsschatz profitieren zahlreiche Biogärtner noch heute.

*Frühkartoffeln mit Überwinterungswirsing, Weiß- oder Rotkohl gedeihen gut. Knollensellerie in Gleichkultur, bestimmte Bodennährstoffe bleiben unausgenützt. Knollensellerie mit Blumenkohl in Mischkultur bildet eine gute Ergänzung. Straucherbsen stehen günstig neben Möhren. Tomaten und Blumenkohl erweisen sich als gute Pflanzenkameraden.«*

**Naturgemäße Schädlingsabwehr** wurde damals ganz selbstverständlich im bäuerlichen Garten praktiziert. Der Kalender für die Landfrau gab dafür viele praktische Ratschläge:

*»Erdflöhe … Zur Fernhaltung der Flöhe die Pflanzen mit einer Staubschicht überziehen. Taufeuchte Pflanzen mit Asche, Staubkalk, Thomasmehl oder Tabakstaub [heute nicht mehr empfehlenswert!] bestreuen. … Bei fleißigem Hacken und Gießen gibt es selten Erdflöhe.*
*Feld- und Wühlmäuse … An verschiedenen Stellen im Garten Sonnenblumen anpflanzen. Der Geruch vertreibt die Mäuse absolut. Igel halten.*
*Schnecken … Die Kröten schützen! Sie sind die fleißigsten Schneckenvertilger. Ausstreuen von ungelöschtem Kalk, Asche, Kainit, Gerstenspreu, trockene Kiefern- und Fichtennadeln. Täglich die Schlupfwinkel (hohlliegende Bretter und Ziegel) nachsehen.*
*Drahtwurm … Rohe Kartoffelscheiben zwischen die Pflanzen legen als Köder. Im Morgengrauen kann man die Würmer leicht auflesen.«*

**Der Schutz der Nützlinge,** Fallen und Streumittel aus ungiftigen Substanzen werden auch heute im Biogarten wieder zur Schädlingsabwehr empfohlen. Außerdem stellt man zahlreiche **natürliche Spritzmittel** her, die aus Wild- oder Gartenkräutern selbst angesetzt werden. Dazu zählen vor allem **Wermut, Rainfarn, Schachtelhalm** und **Brennnesseln.** Auch für diese natürlichen Mittel gibt es einige uralte Vorbilder, die auf dem Lande seit Jahrhunderten in Gebrauch waren. In einem »Kriegsarznei-Büchlein für den Dreißigjährigen Krieg« wurde Wermutbrühe gegen Parasiten empfohlen: *»Willst du von Ungeziefer gesichert sein, so tauche dein Hemd in einen Absud von Wermut und Hufabschnitzeln von Pferden in halbverdünnter Lauge und lasse es trocknen: So kommt dir keine Laus hinein, während sonst eine im Hemd stürbe und viele Tausende mit ihrer Leiche gehen.«*

Wenn Sie in Ihrem Garten zukünftig also Wermutbrühe gegen Läuse oder Milben ausspritzen, wissen Sie nun, dass Sie ein seit Jahrhunderten bewährtes Mittel verwenden. Vielleicht wird dadurch Ihr Vertrauen in die biologischen Methoden gestärkt, die so »alternativ« gar nicht sind. Im alten Bauerngarten haben sie ihre Bewährungsprobe längst bestanden, ehe wir sie für umweltfreundliche Gartenpflege neu entdeckten.

Nur das Zusammenwirken dieser wichtigen Grundregeln ergibt ein funktionierendes System. Das beste Beispiel gibt die Natur selbst: Alle ihre Gesetze greifen ineinander und bilden zusammen ein verknüpftes ökologisches Netz. So entsteht ein Gleichgewicht des Lebens, das sich selbst erhält. Stark ist nur die intakte Gemeinschaft von Pflanzen und Tieren, von Erde, Wasser, Luft und Sonnenlicht. Einzelne Ausschnitte aus den großen Kreisläufen des Lebendigen sind für sich nicht lebensfähig. Sie brechen rasch zusammen.

Ähnlich ergeht es Ihnen auch im naturgemäß bearbeiteten Garten: Einzelmaßnahmen bringen keine Erfolge. Nur mit Brennnesseljauche und Bierfallen können Sie nicht zum Biogärtner werden. Wenden Sie deshalb *alle* wichtigen Grundregeln sorgfältig und über längere Zeit an. Dann werden die natürlichen Gesetze greifen; in Ihrem Garten entsteht eine biologische Balance, die gesunde Pflanzen auf gesundem Boden wachsen lässt. Die Natur selbst wird dann zu Ihrem Bundesgenossen und nimmt Ihnen manche mühevolle Arbeit ab.

Wie Sie diese grüne Philosophie in die tägliche Gartenpraxis übersetzen können, erfahren Sie in den folgenden Kapiteln.

## Die Grundschule des Biogärtnerns

### Vier wichtige Regeln

Wenn Sie erfolgreich in die Praxis des Biogärtnerns einsteigen möchten, müssen Sie einige wichtige Grundregeln in Ihrem Garten verwirklichen:

**1. Kompostieren**
– um den Boden lebendig, fruchtbar und gesund zu erhalten.

**2. Natürlich düngen**
– um zusätzliche Nährstoffe dort aufzufüllen, wo sie gebraucht werden.

**3. Mulchen**
– um das Bodenleben anzuregen und die Erde feucht und locker zu halten.

**4. Mischkulturen anlegen**
– um durch günstige Nachbarschaften gesundes Pflanzenwachstum zu fördern und Schädlinge oder Krankheiten abzuwehren.

# Kompost hält die Erde jung

Für Gärten, die nach biologischen Methoden bearbeitet werden, ist der gepflegte Kompost das Herzstück der ganzen Anlage. Weniger poetisch ausgedrückt könnte man auch sagen: Der Kompost ist der Bauch des Gartens. Er verdaut alle organischen Abfälle, die im Laufe des Gartenjahrs anfallen, formt sie um und baut aus der sterbenden Materie neue lebendige Substanzen auf.

Kompost ist, wenn er richtig zubereitet wurde, bester Humus. Er enthält alle wichtigen Nährstoffe und Spurenelemente in ausgewogener Form. Kompost sorgt für milde Düngung, vor allem aber regt er das Bodenleben zu emsiger Tätigkeit an. Und dort, wo Regenwürmer, Pilze, Bakterien und Algen im Boden gute Bedingungen vorfinden und ständig organische Substanzen umsetzen, da wachsen Humus und Nährstoffe beinahe von selbst nach. Wer mit Kompost arbeitet, der spart auch Dünger!

Jeder normale Gärtner kann diesen wertvollen Humus, der die Fruchtbarkeit seiner Beete vermehrt, selber herstellen. Sie können auch als Anfänger die Kunst des Kompostierens leicht erlernen, denn die Zeiten, in denen man die Erdmieten drei Jahre lang lagerte und ständig mühsam umschaufelte, sind längst vorbei. Heute ist ein guter, nährstoffreicher Kompost, der sachgemäß aufgeschichtet wurde, schon nach neun bis zwölf Monaten fertig.

## Platz für den Kompost

Es gibt viele Arten, Kompost herzustellen: in Silos und Tonnen, auf freier Fläche und in Mieten. Der Kompostplatz sollte halbschattig liegen und gut mit der Schubkarre zugänglich sein. Sehr praktisch ist es, wenn Sie mehrere Kompost-Beete nebeneinander anlegen können, die durch saubere Plattenwege abgegrenzt werden. Holunder und Haselnuss-Sträucher eignen sich besonders gut als Schatten spendende Randpflanzung und als Sichtschutz. Wenn Sie nicht so viel Raum für große Gehölze besitzen, dann kann auch eine einjährige Hecke aus Zuckermais oder Sonnenblumen den Kompostplatz abschirmen.

Frische Abfälle und reifender Kompost finden in zwei Holzlegen Platz. Sehr praktisch ist es, wenn auch die Jauchegefäße neben dem Kompost stehen können.

Noch ein praktischer Tipp: Planen Sie gleich eine Ecke für Ihre Jauchefässer mit ein. Dann haben Sie Ihre kleine »Erdfabrik« und die Düngerherstellung an einem Platz vereint. Wenn Sie rundum Brennnesseln und Beinwell pflanzen, wächst das Material für nahrhafte Pflanzenbrühen in greifbarer Nähe ständig nach!

## Die Kompostmiete

Sie ist die klassische Form der Kompostherstellung. Eine Miete wird stets auf offenem, gut gelockertem Boden errichtet. Nur dann haben Regenwürmer und andere nützliche »Abfallverarbeiter« stets freien Zugang. Niemals darf Kompost auf Steinen, Platten oder Zementboden aufgebaut werden!

Die unterste Schicht der Miete sollte stets aus grobem, holzigem Material bestehen. Durch die natürlichen Hohlräume kann überschüssige Feuchtigkeit leicht abfließen. Für diese Schicht können Sie zum Beispiel Baumschnitt, Staudenstängel, Sonnenblumenstiele, Rosenzweige und ähnliche sperrige »Abfälle« benutzen.

Die Grundfläche einer Kompostmiete sollte etwa 1,50 m breit sein. Die Länge ist beliebig, Sie können sie dem vorhandenen Platz und der Menge Ihrer Abfälle anpassen. Beginnen Sie mit dem Aufschichten des Materials zunächst auf einer 1,00–1,50 m langen Fläche. Denn es ist wichtig, dass Sie genügend organische Masse aufhäufen, damit rasch eine heiße Rotte einsetzt. Flache Schichten erwärmen sich nicht und zersetzen sich deshalb auch nur langsam! Sammeln Sie zunächst alle erreichbaren Abfälle aus Haus und Garten. Zur Kompostierung eignen sich: Unkraut (möglichst ohne Samen), verwelkte Blumen, Gemüseabfall, Kartoffellaub, Erbsenstroh, Zweige von Obstbäumen und

Sträuchern, Heckenschnitt, Obstreste, alte Erde aus Kästen und Kübeln sowie Küchenabfälle wie Kaffeesatz, Obst- und Kartoffelschalen, Teeblätter, Papiertücher, Hundehaare usw. Wichtig ist, dass Sie alle diese Substanzen zunächst zerkleinern. Dies geschieht mit dem Spaten oder mit einer Gartenschere. Einfacher und schneller geht es mit einem Häcksler oder Schredder. Der Einsatz solcher Geräte lohnt sich, wenn Sie größere Mengen zerkleinern müssen. Anschließend mischen Sie harte und weiche, trockene und holzige, grüne und saftreiche Abfälle durcheinander. So entsteht ein lockeres Gemenge, das nicht mehr dicht aufeinander »pappen« kann. Die festen Bestandteile sorgen überall für luftige Hohlräume. Das Grünzeug

Eine Kompostmiete besteht aus zerkleinertem organischen Material. Häufen Sie genügend Abfälle auf, damit sofort eine heiße Rotte einsetzen kann.

## Grundgesetze der Kompostierung

- **Luft und Sauerstoff** müssen immer zwischen den Abfällen zirkulieren können. Deshalb ist eine lockere Mischung so wichtig. Die Bodentiere und Mikroorganismen, die das Material zersetzen, können ohne Luft nicht leben!
- **Feuchtigkeit** gehört ebenfalls zu den Lebenselementen der Milliarden Erdarbeiter in der »Kompostfabrik«. Sie muss aber gleichmäßig verteilt sein. Starke Nässe lässt die Abfälle zusammenkleben. Dann fehlt es an Sauerstoff; in kurzer Zeit übernehmen Fäulnisbakterien das Regiment! Bei Trockenheit ziehen sich die nützlichen Bodenlebewesen zurück in tiefe Schichten. Dann müssen Sie Ihren Kompost unbedingt gießen!
- **Wärme** ist nötig für eine rasche harmonische Rotte. Sie wird größtenteils von den Bodenlebewesen selbst während der Umsetzungsprozesse erzeugt. Zerkleinerte Abfälle sind gewissermaßen »vorgekaut« und können rascher auseinander genommen und verdaut werden. »Zusatzfutter« in Form von organischem Dünger heizt das Arbeitsklima im Innern des Haufens an. Je besser die Lebensbedingungen im Kompost, desto schneller die Arbeit, desto größer die Wärme-Energie!

bringt genügend Feuchtigkeit und nährstoffreiche Substanzen in die Mischung.

Nun können Sie mit dem lagenweisen Aufschichten beginnen. Häufen Sie die erste Schicht etwa 20 cm hoch aus gemischtem, zerkleinertem Abfall auf. Dann streuen Sie über jede Lage hauchdünn etwas Kalk (am besten Algenkalk) und ein wenig organischen Dünger (z.B. Hornmehl. Rizinusschrot oder einen im Handel erhältlichen organischen Mischdünger). Wenn der Abfall sehr nass ist oder wenn es im Herbst stark regnet, fügen Sie noch Tonmehl hinzu, das überschüssige Feuchtigkeit bindet. Empfehlenswert ist auch einer der im Handel käuflichen Kompoststarter, der die Umsetzungsprozesse auf natürliche Weise beschleunigt. Die gleichen guten Dienste erweisen auch ein paar Schaufeln voll halbreifem Kompost, wenn Sie bereits Vorräte besitzen. Diese kostenlose Zutat wimmelt von Mikroorganismen und Bodentieren. Sie impfen damit das frische Material.

Auf die gleiche Weise bauen Sie nun eine Lage nach der anderen auf. Der Kompost soll mindestens 1 m hoch aufgeschichtet werden, damit die Erwärmung und die Zersetzung rasch einsetzen können. Eine Kompostmiete beginnen Sie deshalb besser auf 1 oder 2 m² Fläche und bauen erst dann wieder an, wenn Sie genügend Material gesammelt haben. Nach oben hin sollte der Haufen immer schmaler werden, sodass er schließlich einem niedrigen Erdzelt mit schräg abfallenden Seitenwänden gleicht. Zum Schutz gegen Kälte und zu viel Nässe erhält der Kompost nun noch einen Mantel aus Stroh, Grasschnitt, Laub, Schilfmatten oder alten Säcken. So bleibt er über Winter liegen.

Prägen Sie sich für alle Arbeiten am Kompost noch diese wichtigen Regeln ein: Wenn Sie diese Grundsätze beachten, wird Ihre Kompostierung harmonisch ablaufen und niemals schlechte Gerüche verbreiten. Sie brauchen das Material auch nicht mühsam umzusetzen. Je nach Witterung haben sich alle Abfälle nach 9–12 Monaten in gute Erde verwandelt. Diesen Kompost sollten Sie nicht länger liegenlassen, sondern überall im Garten nutzbringend verteilen.

## Kompost auf kleinster Fläche

- **Behälter aus Holz, Metall oder Kunststoff** Anstelle der klassischen Kompostmiete, die eine relativ große Fläche bedeckt, können Sie auch praktische Silos benutzen. Sie beanspruchen, einzeln aufgestellt, nicht mehr als 1 m². Im Handel können Sie zwischen zahlreichen bewährten Systemen wählen. Die Kompostbehälter bestehen aus Holz, Drahtgitter, Kunststoffmaterial oder verzinktem Blech. Sie sind unterschiedlich konstruiert, besitzen aber immer Schlitze und Löcher in

den Außenwänden, die für eine ständige Luftzirkulation sorgen. Alle Kompostbehälter werden direkt über offenem, gelockertem Gartenboden aufgestellt. Wie bei der Miete muss auch hier die Verbindung zum »lebendigen Untergrund« und seinen nützlichen Lebewesen erhalten bleiben. Alle Regeln der Kompostzubereitung gelten auch für die abgegrenzten Behälter: Das zerkleinerte, gut vermischte Material wird locker und lagenweise aufgeschichtet. Es muss luftig, feucht und warm bleiben. Die seitlich geschlossenen Kästen haben den Vorteil, dass Vögel, Hühner oder gar Ratten die Abfälle nicht durchwühlen können.

- **Kompostlegen** aus Holz haben sich seit Generationen bewährt. Das natürliche Material fügt sich gut in den Garten ein. Im Handel werden unterschiedliche Modelle angeboten. Sie können eine Holzlege aber auch aus Brettern, Schwarten oder Rundhölzern selber bauen.

Kompostbehälter kann man selber bauen. Achten Sie auf genügend Luftzirkulation und auf Material, das zum naturgemäßen Garten passt!

Gut geeignet für kleine Gärten ist dieser Holzbehälter. Der Deckel schützt vor zu viel Regen und auch vor Tieren.

- **Komposttonnen** sind aus Metall oder Kunststoff hergestellt. Wenn sie mit einem Deckel verschlossen werden, erwärmt sich der Inhalt rascher. Vor allem Küchenabfälle sind in solchen Tonnen vor ungebetenen Mitessern sicher aufbewahrt.
  Achten Sie bei solchen Behältern besonders auf überschüssige Feuchtigkeit! Ein paar Hände voll Steinmehl binden Nässe und Gerüche. Streuen Sie immer wieder einige Schaufeln voll Kompost oder Gartenerde zwischen die einzelnen Lagen.
- **Kunststoffsilos** bieten, wenn sie aus solidem, schlagfestem Material bestehen, viele Vorteile für kleine Gärten. Es gibt zum Beispiel Modelle, bei denen man oben noch Abfälle einfüllen kann, während man durch eine Klappe im unteren Bereich bereits fertigen Kompost entnehmen kann.

Geschlossene Thermo-Komposter aus Kunststoff können Sie im Handel kaufen. Der Deckel hält Tiere ab und schützt vor Regen.

- **Drahtkonstruktionen** sind leicht aufzustellen und zu versetzen. Sie werden rund oder eckig angeboten. Durch die zahlreichen Öffnungen ist der Inhalt aber Wind und Sonne stark ausgesetzt. Das Kompostmaterial trocknet an den Rändern rasch aus. Solche Behälter müssen unbedingt schattig und geschützt aufgestellt werden!

## Wann ist der Kompost reif?

In Großvaters Garten musste der Kompost noch drei Jahre lang reifen. In diesem langen Zeitraum wurde er mehrmals umgesetzt. Dabei kehrte der Gärtner mühevoll das Unterste zuoberst und schichtete alles neu und ordentlich wieder zu Mieten auf. Nach neuen Biogärtner-Erkenntnissen ist das nicht mehr nötig. Wenn Sie Ihren organischen Abfall, so wie es in diesem Kapitel beschrieben ist, zerkleinern, sorgfältig mischen und locker aufsetzen, dann dauert die Rotte nur etwa ein Jahr. Gehäckseltes Material setzt sich in der warmen Jahreszeit innerhalb von 3–5 Monaten in erdigen Grobkompost um. Je gröber die Abfälle und je kälter die Umgebung, desto länger dauert der Prozess. Spätestens nach 9–12 Monaten ist jeder vorschriftsmäßig aufgesetzte Kompost soweit verrottet, dass er im Garten verwendet werden kann. Man spricht dann von Grob- oder Mulchkompost. Dieses halbreife Material ist besonders reich an Nährstoffen. Es enthält noch »arbeitendes« Bodenleben, das auf die Gartenbeete übertragen wird.
Je länger der Kompost in der Miete oder im Silo liegen bleibt, desto stärker zerfällt er in immer feinere Erde. Die Nährstoffe werden in dieser

Zeit immer weiter abgebaut. So gewinnt der Gärtner zwar sehr feinkrümelige Saat- und Pflanzerde, aber die Fruchtbarkeit seines selbst erzeugten Humus nimmt ab.

## Die Verwendung im Garten

Im Herbst oder im zeitigen Frühling kann der fertige Kompost überall im Garten verteilt werden. Er darf ruhig noch etwas grob und bröckelig sein. Gemüsebeete, Stauden, Rosen, Beerensträucher und Ziersträucher sind dankbar für diesen lebendigen Humus. Im naturgemäßen Garten wird der Boden vorher nicht umgegraben, sondern nur mit der Grabgabel oder mit dem »Sauzahn« gelockert.

Kompost wird, je nach Vorrat, 2–5 cm dick ausgestreut und nur ganz leicht in die Oberfläche eingeharkt. Damit die lebendige, nährstoffreiche Substanz nicht austrocknet, sollte der frische Kompost gleich mit einer schützenden Mulchdecke aus Gras, Laub oder zerkleinertem Unkraut zugedeckt werden. Vor allem über Winter ist diese natürliche Bodendecke wichtig. Die kahlen, abgeräumten Beete bleiben darunter feucht und warm. Im Frühling findet der Gärtner unter der halb verrotteten Mulchschicht mürbe, lockere Erde vor. »Nackter Boden« zeigt dagegen nach dem Wechsel von Regen und Sonne meist eine verschlammte, harte Oberfläche. Für Pflanzlöcher und Saatrillen dürfen Sie dagegen nur ausgereiften, feinen Kompost verwenden. Das »rohe« Material des Mulchkompostes schadet durch die noch intensiven Umsetzungsprozesse den feinen Wurzeln junger Pflanzen! Merken Sie sich einfach: »Grob« über der Erde – »fein« unter der Erde!

Im Herbst oder im Frühling wird der Kompost verteilt. Harken Sie ihn nur leicht ein. Im Herbst wird die Fläche mit Mulchmaterial zugedeckt.

So sieht guter reifer Kompost aus: brauner krümeliger Humus, der wie Walderde duftet. Dieser Kompost ist reich an Nährstoffen und Mikroorganismen.

# Gärtnern ohne zu graben?

Wer konsequent nach biologischen Methoden arbeitet, der kann auf das mühsame Umgraben im Herbst verzichten. Voraussetzung dafür ist allerdings die regelmäßige Versorgung aller Beete mit Kompost und Mulchdecken. Nach der Ernte werden alle freien Flächen nur von Unkraut gesäubert und gelockert. Dazu können Sie die folgenden Spezialwerkzeuge benutzen:

**Der Sauzahn** besteht aus einem kräftigen sichelförmigen Zinken. Wichtig ist, dass der Stiel des Sauzahns am Anfang leicht durchgebogen ist. Mit diesem, speziell für naturgemäße Gärten entwickelten Werkzeug kann der Boden tief und ohne Anstrengung gelockert werden, ohne dass die Schichten umgeworfen werden. Eine sehr gleichmäßige Lockerung erreicht man, wenn man diagonale Bahnen zieht und dann quer dazu das Beet noch einmal bearbeitet.

**Die Grabgabel ersetzt im Biogarten den Spaten. So bleibt die Bodenfauna ungestört.**

Auf kleinen Flächen können Sie den Boden auch mit einer vierzinkigen **Grabgabel** lockern. Stoßen Sie die Gabel kräftig in den Boden und drücken Sie sie einige Male nach vorn und nach hinten. Aber nur so weit, dass die Erde leicht angehoben wird. So wird Stück für Stück der Boden eines Beetes bearbeitet. Diese Methode ist allerdings etwas mühsam und zeitaufwändig. Für große Gärten ist sie nicht empfehlenswert.

Bei diesen Formen der Bodenbearbeitung bleibt der schichtweise Aufbau der Humuszone ungestört. Das Umgraben stellt dagegen die Welt der Mikroorganismen auf den Kopf. Sie muss immer wieder neu aufgebaut werden. Die vom Gärtner erhoffte Frostgare ist in der Regel ein unbeständiges Ergebnis. Heftige Frühlingsregen zerschlagen meist die feine Krümelstruktur wieder und schwemmen die Poren der Erde zu. Dann war die Mühe des Umgrabens umsonst.

## Gute Gründe zum Graben

Ganz arbeitslos wird der Spaten im Biogarten trotzdem nicht. Muss ein Stück Wiese oder verwildertes Land urbar gemacht werden, muss die Erde zuerst einmal umgegraben oder sogar gepflügt werden. Erst dann kann man zu den sanfteren Methoden übergehen. Es lohnt sich immer, zuerst einmal in Ruhe nachzudenken und dann die sinnvollste Arbeitsweise zu wählen. Gute Biogärtner brauchen zuerst ihren Kopf-, dann erst den Sauzahn oder den Spaten. Das erspart auf jeden Fall Rückenschmerzen und manchen Misserfolg.

# Gesunde Pflanzennahrung

Auch im biologischen Garten kann man die Sorge für die Fruchtbarkeit nicht einfach »Mutter Natur« überlassen. Alle Kulturpflanzen verbrauchen Nährstoffe, die wieder aufgefüllt werden müssen. Außer Kompost werden dafür vor allem organische Dünger verwendet.

## Der gute alte Mist

Mist aus dem Kuhstall ist nur noch für wenige Gärtner erreichbar. Getrockneter Rinderdung bietet eine gute Alternative, wenn er aus gesunder Tierhaltung stammt. Viele Gärtner wissen aber nicht so recht, wie sie diesen seit Urväter-Zeiten hochgeschätzten tierischen Dünger am besten verwenden sollten. Zwei Warnungen müssen Sie sich gleich am Anfang einprägen:

- Benutzen Sie niemals den Kot von Tieren aus der Massenhaltung, die mit Antibiotika oder Hormonen behandelt werden und Futter aus unnatürlichen Zutaten erhalten!
- Graben Sie frischen Mist niemals in die Erde ein!

Doch nun zur Praxis. Mist ist nicht gleich Mist. Es gibt zum Beispiel hitzig reagierende scharfe Tierexkremente und so genannten kalten Mist. So verschieden die Tiere sind, von denen die Exkremente stammen, so unterschiedlich ist auch die Zusammensetzung und Wirkung des Mistes. Nur wer diese Dünger unterscheiden kann, der wendet sie auch richtig an:

- **Frischer Rindermist** mit Stroheinstreu ist ein milder, ausgeglichener Dünger. Er enthält alle wichtigen Nährstoffe. Sie können ihn in einer Spezialmiete aufsetzen, dürfen dabei aber keinen Kalk verwenden. Dieser sonst beim Kompostieren verwendete Zusatz ist bei allen tierischen Düngern verboten. Kalk entbindet nämlich den wertvollen Stickstoff, der dann nutzlos »in die Luft geht«. Wer nicht genügend Erde für die Zwischenschichten vorrätig hat, der kann auch Steinmehl oder Tonmehl (ebenfalls ohne Kalk!) benutzen.

- **Pferdemist** gehört zu den hitzigen Düngern. Jeder Gärtner weiß, dass man mit diesem Material ein Frühbeet »heizen« kann. Die Nährstoffgehalte ähneln denjenigen des Rindermistes. Beide Dünger können Sie gemeinsam kompostieren. Auch Pferdemist ergibt »Kraftnahrung« für anspruchsvolle Pflanzen.

Den guten alten Mist gibt es immer noch auf dem Land, wo Kühe und Pferde gehalten werden.

- **Schweinemist** ist ein so genannter kalter Mist. Er enthält viel Kali, wenig Stickstoff und fast keinen Kalk. Für Sellerie, Lauch und Himbeeren ist kompostierter Schweinemist besonders gut.
- **Schaf-, Ziegen- und Kaninchenmist** zählen zu den hitzigen Düngern. Sie sind reich an Stickstoff, deshalb sollte der Gärtner vorsichtig damit umgehen. Zu viel Stickstoff kann Geilwuchs verursachen. Diese Dünger sollten Sie auf jeden Fall kompostieren, einzeln oder mit anderem Mist vermischt. In rohem Zustand können sie Verbrennungen hervorrufen. Schaf-, Ziegen- und Kaninchenmist eignet sich für stark zehrende Gemüsearten.
- **Hühner-, Enten- und Taubenmist** sind sehr »scharf« und hitzig. Sie dürfen auf keinen Fall unbehandelt ausgestreut werden. Alle Geflügelmistarten müssen kompostiert oder als Jauche angesetzt werden. Verwenden Sie niemals Mist aus großen Legebatterien! Im

Gegensatz zu den anderen tierischen Exkrementen enthält Geflügelmist besonders viel Phosphor; auch Stickstoff und Kali sind reichlich vorhanden. Da er sich rasch umsetzt, besteht die Gefahr von Verbrennungen. Geflügeldünger eignen sich für stark zehrende Gemüsearten. Wegen ihres hohen Phosphorgehaltes fördern sie auch die Blütenbildung. Verwenden Sie sie für Garten- und Balkonblumen aber nur in sparsamer Dosierung. Die meisten Mistarten liefern dem Gärtner also »Kraftfutter« für diejenigen Pflanzen, die trotz guter Kompostversorgung noch eine Zusatzdüngung gebrauchen können, um sich gut zu entwickeln.

## Natürliche Dünger aus organischen Substanzen

- **Reine Holzasche** aus dem Kamin gehört ebenfalls zu den natürlichen Düngern. Sie ist reich an Kali und Kalk. Verwenden Sie sie nur dort, wo die Pflanzen oder der Boden diese beiden Stoffe besonders brauchen. Sellerie gehört zum Beispiel zu den Kali-Liebhabern.
- **Hornspäne und -mehl,** aus Hörnern und Klauen von Rindern gewonnen, enthalten reichlich Stickstoff und Phosphor.
- **Rizinusschrot** wird aus der tropischen Rizinuspflanze *(Ricinus communis)* gewonnen. Verwendet werden die Rückstände, die beim Auspressen der ölhaltigen Rizinusbohnen entstehen. Dieser pflanzliche Naturdünger ist reich an Stickstoff; er enthält auch kleinere Mengen Phosphor und Kali. Vorsicht: Bei Allergikern kann Rizinus Hautreizungen auslösen!

Hornspäne können sehr vielseitig verwendet werden. Sie bilden für viele Pflanzen eine gute Nahrungsquelle.

- **Trester** entsteht beim Auspressen von Trauben und anderen Obstarten. Der Dünger aus diesen Rückständen ist besonders reich an Spurenelementen. In den regionalen Anbaugebieten wurde er schon lange verwendet. Inzwischen können Biogärtner Trester-Produkte auch überregional im Handel bekommen. (Siehe Bezugsquellen, Seite 124).
- **Algendünger** werden aus verschiedenen Meeresalgen gewonnen. Sie sind besonders reich an Spurenelementen und Magnesium. Meist werden sie als Flüssigdünger im Handel angeboten. **Algenkalk** enthält ebenfalls reichlich Magnesium und Spurenelemente.
- Im Handel können Sie **organische Volldünger** kaufen, die alle Hauptnährstoffe in einem abgewogenen Verhältnis enthalten.

Sie sind aus natürlichen Substanzen wie Hornmehl, Algen, Rapsschrot, Steinmehl und Mikroorganismen zusammengestellt. Oft wird auch getrockneter Geflügelmist hinzugefügt. Diese Dünger werden im Herbst oder zeitigen Frühling ausgestreut. Sie geben ihre Wirkstoffe erst im Zusammenwirken mit den Bodenlebewesen ab und bilden deshalb eine langsam fließende und lange wirksame Nahrungsquelle.

# Natürliche Mineraldünger

Auch die Natur gehört zu den großen Salz- und Mineralproduzenten der Erde. Diese nährstoffreichen Substanzen entstanden durch die Ablagerungen urzeitlicher Tiere und durch Salz-

## Organische Düngemittel

| Dünger | Hauptnährstoffe | Wirkung und Verwendung |
|---|---|---|
| Hornspäne, Hornmehl | Stickstoff, Phosphor | Langsame Umsetzung, länger anhaltende Wirkung; gut für Gemüse, Stauden, Rosen und Balkonkästen |
| Frischer Rindermist | Stickstoff, Phosphor, Kali | Abgerundete, harmonische Nährstoffkombination, mild; nicht roh, sondern kompostiert verwenden; gut für stark zehrende Gemüse- und Obstarten |
| Getrockneter Rindermist | Stickstoff, Phosphor, reichlich Kali | Besonders gut für Rosen und Wurzelgemüse |
| Frischer Pferdemist | Stickstoff, Phosphor, Kali | Hitziger Dünger; kompostiert gut für anspruchsvolle Pflanzen oder als wärmende Frühbeetpackung |
| Geflügelmist von Hühnern, Tauben oder Seevögeln | Stickstoff, viel Phosphor, Kali | Hitziger Dünger; am besten als Jauche ansetzen oder kompostieren; in sparsamer Dosierung für stark zehrende Gemüse und für Blumen |
| Holzasche | Phosphor, reichlich Kali und Kalk | Ergänzung zu organischen Düngern, die wenig Kali enthalten; gut für Rosen und Wurzelgemüse |
| Algendünger | Kali, wenig Phosphor, etwas Stickstoff, reichlich Magnesium und Spurenelemente | Meist als flüssige Blattdünger angeboten, die das Wachstum anregen und die Widerstandskraft stärken |
| Trester | Stickstoff und Kali, wenig Phosphor | Geeignet für Gemüse und Obst |

ansammlungen der Meere. So bildeten sich in Jahrmillionen dicke Schichten aus Rohphosphat und Kalisalzen. Für den naturgemäßen Garten sind folgende Produkte brauchbar:

- **Phosphat** in langsam wirkender Form
- **Kalimagnesia** – ein salzarmes Kaliprodukt mit Magnesiumanteil
- **Thomasmehl** – ein phosphorhaltiger Dünger, der als Nebenprodukt der Eisenverhüttung entsteht.

Alle natürlichen Mineraldünger sollten nur gezielt dort eingesetzt werden, wo Boden und Pflanzen unter Phosphor- oder Kalimangel leiden. Nur eine genaue Bodenanalyse kann Ihnen zuverlässige Auskunft über die Nährstoffverhältnisse in Ihrer Gartenerde geben. Es lohnt sich, eine solche Untersuchung (500–1000 g Erde aus verschiedenen Beeten gemischt) alle 2–3 Jahre machen zu lassen. Schicken Sie Ihre Probe an die LUFA (Landwirtschaftliche Untersuchungs- und Forschungsanstalt), ansässig in jedem Bundesland oder an ein nach biologischen Gesichtspunkten arbeitendes Labor. Auch manche Gartencenter bieten inzwischen diesen Service an. Adressen finden Sie im Anhang ab Seite 140.

Merken Sie sich als Grundregel: Übertreiben sollte man auch mit Naturdünger nie. Zu viel Stickstoff, auch wenn er aus organischen Quellen stammt, fördert nur schwammiges Wachstum und eine reichliche Wasseraufnahme der Pflanzen. Etwas weniger Gewicht, aber kernige, feste Qualität ist aufgeblasenen Früchten immer vorzuziehen. Wer in seinem Garten gesundes Gemüse ernten will, der muss also auch genau wissen, wie Naturdünger wirken und wozu sie gut sind. Andernfalls kann aus Mist auch Mist wachsen.

## Pflanzenjauche – preiswerter Naturdünger aus dem Garten

Zahlreiche Gewächse im Gemüse-, Obst- und Blumengarten sind während der Hauptwachstumszeit für zusätzliche Nährstoffe dankbar. Dünger in flüssiger Form wird besonders rasch von den Pflanzen aufgenommen und verarbeitet. Im naturgemäßen Garten verwendet man dafür selbst angesetzte Jauche aus verschiedenen Heil- und Wildpflanzen. Diese Nährbrühen enthalten vor allem Stickstoff, der das Wachstum der Pflanzen fördert. Sie sind aber auch reich an anderen wertvollen Substanzen. Der bekannteste Flüssigdünger des Biogartens ist sicherlich die Brennnessel-Jauche. Nach diesem Rezept können Sie auch Ackerschachtelhalm und andere Kräuter ansetzen.

Gießen Sie die verdünnte Brennnessel-Jauche direkt in den Wurzelbereich der Pflanzen. Sie eignet sich für Kohl und Tomaten ebenso wie für Blumen.

## Brennnessel-Jauche

Stellen Sie an einem sonnigen Platz, am besten in der Nähe des Kompostes, ein geräumiges Gefäß auf. Geeignet sind zum Beispiel Holzfässer, große Steinguttöpfe oder auch Kunststofftonnen aus umweltfreundlichem Material. Füllen Sie Ihr Jauchegefäß nun zu zwei Dritteln mit frischen, zerkleinerten Brennnesseln. Dann gießen Sie Regenwasser oder abgestandenes Wasser aus einer Gartentonne darüber. Alle Pflanzenteile sollen bedeckt sein. Lassen Sie bis zum Rand des Gefäßes etwa 10–20 cm frei, weil die Jauche in den ersten Tagen hochschäumt.

Zum Schluss sollten Sie ein feinmaschiges Drahtgitter über die Jauchetonne legen, damit Vögel oder kleine Tiere nicht hineinfallen und ertrinken. Da Jauche bekanntlich wenig angenehme Gerüche verbreitet, geben Sie gleich zu Anfang einige Tropfen Baldrian-Blütenextrakt oder eine Hand voll Steinmehl in die Brühe. Beide Substanzen binden den »Duft« der gärenden Brühe.

Rühren Sie einmal täglich das Wasser und die Pflanzenteile kräftig mit einem Stock um. So gelangt immer wieder Sauerstoff in den Zersetzungsprozess. An einem warmen, sonnigen Platz vollzieht sich die Umwandlung in Jauche schneller als im kühlen Schatten.

Je nach Witterung ist die Gärung nach 10–20 Tagen abgeschlossen. Die Jauche hat sich dann »beruhigt«. Über die fertige Brühe sollten Sie auf jeden Fall einen Deckel legen, um die Nasen Ihrer Nachbarn zu schonen.

Mit Brennnesseln können Sie den preiswertesten Dünger für den Biogarten selbst herstellen:
**1** Frisches kleingeschnittenes Kraut in Wasser ansetzen, **2** Steinmehl darüber streuen, um die Jauchegerüche zu binden, und **3** öfter umrühren, bis die Gärung abgeschlossen ist.

Die Brennnessel-Jauche kann nun nach Bedarf verwendet werden. Verdünnen Sie den Ansatz 1:10 mit Wasser. Dann können Sie diesen milden Flüssigdünger an alle Gemüse (mit Ausnahme von Bohnen, Erbsen, Knoblauch und Zwiebeln), an Stauden, Sommerblumen, Rosen, Beerensträucher und Obstbäume verteilen. Die Brennnessel-Jauche wird direkt in den Wurzelbereich gegossen. Schon bald zeigen die Pflanzen durch kräftig-grüne Blattfärbung und gesunden Wuchs, wie gut ihnen diese Nahrung bekommt. Bei richtiger Anwendung gibt es weder Verbrennungen noch Geilwuchs.

Dieser preiswerte Naturdünger ist nicht nur eine wertvolle Nahrungsquelle, er kräftigt die Pflanzen auch »von innen« und macht sie widerstandsfähig gegen Krankheiten und Schädlinge.

Gründüngung – hier Senfsaat – regeneriert und lockert den Boden. Sie wird im Herbst auf den abgeernteten Beeten ausgebracht.

# Gründüngung – die Bodenkur aus der Samentüte

Eine Düngung auf pflanzlicher Basis können Sie durch einfache Aussaat direkt auf dem Beet erreichen. Die so genannten Gründüngungspflanzen werden als »Zwischenfrucht« eingeschaltet, um den Boden zu regenerieren, zu lockern und mit Nährstoffen anzureichern.

Geeignet für diese Art der Bodenverbesserung sind eine ganze Reihe von Pflanzen-Spezialisten, zum Beispiel **Lupinen, Kleearten, Phacelia** (Bienenfreund) und **Senf.** In einem kleinen Nutzgarten bietet sich die Gründüngung vor allem für abgeerntete Beete an. Im Spätsommer können Sie noch eine rasch wachsende Mischung aus Lupinen und Klee aussäen.

Kleine Portionen für den Hausgarten bekommen Sie im Samenfachhandel. Lupinen und Klee gehören zu den Leguminosen oder Schmetterlingsblütlern. Sie bilden in Zusammenarbeit mit bestimmten Bakterien an ihren Wurzeln Stickstoffknöllchen. Dadurch werden auf natürliche Weise neue Nährstoffe angereichert. Außerdem lockern die tief reichenden Wurzeln die Erde auf. Das grüne Blattwerk können Sie abschneiden und dann als Mulchmaterial verwenden. Es eignet sich auch gut zum Kompostieren.

# Steinmehle – Bodenverbesserung ohne Risiko

Steinmehl wird bei der maschinellen Bearbeitung von Gesteinen gewonnen. Die Inhaltsstoffe variieren, je nachdem welcher Fels benutzt wird. Allen gemeinsam ist aber ein großer

Reichtum an lebenswichtigen Spurenelementen. Dazu zählt Magnesium, das zur Bildung des Blattgrüns beiträgt.

Gesteinsmehle gehören nicht zu den Düngern. Sie sind aber in der Lage, die Qualität des Gartenbodens wesentlich zu verbessern. Die Mineralstoffe und Spurenelemente, die im wertvollen Staub enthalten sind, werden in der Erde nur langsam aufgelöst. Dabei spielen die Mikroorganismen eine wesentliche Rolle. In humusreichem Boden wirkt Steinmehl deshalb besonders intensiv.

Wichtig sind aber auch besondere physikalische Eigenschaften der Steinmehle: Sie sind nämlich in der Lage, ihre Oberfläche weit auszudehnen. Dadurch verbessern sie die Fähigkeit des Bodens, Wasser und Nährstoffe zu speichern. Steinmehle wirken auf die Dauer wie eine Sparbüchse in der Erde.

Wo regelmäßig fruchtbarer Gesteinsstaub ausgestreut wird, da stehen den Mikroorganismen und Pflanzenwurzeln ständig kleine, aber wichtige Nahrungsmengen auf Abruf zur Verfügung. Die Krümelstruktur verbessert sich, und die wertvollen Huminstoffe vermehren sich. Dennoch ist Gesteinsmehl nicht gleich Gesteinsmehl. Der Gehalt an Kalk, Magnesium, Kali und Ton wechselt, je nachdem, woher das Ausgangsmaterial stammt. Stark kalkhaltige Steinmehle sollten nur dort verwendet werden, wo Erde und Pflanzen auch Kalk benötigen. Achten Sie auf die Zusammensetzung!

## Tonmehle

Eine besondere Form der Gesteinsmehle sind die Tonmehle. Sie werden aus Tongestein gewonnen, das durch die Verwitterung vulkanischer Aschen entstand. Unter dem Namen

Bentonit sind sie im Handel erhältlich. Tonmehle sind außergewöhnlich quellfähig. Sie können große Mengen Wasser binden. Deshalb eignen sie sich besonders zur Strukturverbesserung leichter, sandiger Böden. Tonmehle sind reich an wertvollen Mineralien. Außerdem speichern sie auch die Hauptnährstoffe Stickstoff, Phosphor und Kali im Boden. Diese werden nicht mehr so leicht ausgewaschen und ins Grundwasser geschwemmt.

Mit Gesteinsmehlen können auch die Anfänger unter den Biogärtnern keine groben Fehler machen. Eine Überdüngung ist nicht zu befürchten. Wer ein ausgewähltes Steinmehl mäßig aber regelmäßig auf den Gartenbeeten und beim Kompostieren verwendet, der steigert die Fruchtbarkeit der Erde ohne Risiko.

Steinmehl verbessert mit seinem reichen Gehalt an Spurenelementen und Magnesium sowohl den Kompost als auch die Erde in den Beeten.

# Mulchen – der Natur abgeschaut

Manche Gärten sehen so blank gefegt aus, als würden sie täglich mit dem Staubsauger behandelt. Nirgends sprießt ein ungebetenes Unkraut zwischen den Kulturpflanzen. Nirgends liegt ein braunes Blatt in der Rabatte. Überall zwischen den Gewächsen breitet sich fein geharkte »saubere« Erde aus. Man kann es schon von weitem sehen: Hier wird für Ordnung gesorgt!

## Kleine Wald-Lehrstunde

Der Gärtner, der einen solchen Garten mit viel Arbeit pflegt, ist sicher stolz auf das Ergebnis seiner Mühen und auf die anerkennenden Blicke, die der Nachbar über den Gartenzaun wirft. Wenn aber der gleiche Gartenfreund im Urlaub durch einen herrlichen Mischwald wandert, betrachtet er wohlgefällig den abwechs-

Der Waldboden ist Vorbild für die Praxis des Mulchens im Biogarten. Unter der lockeren Laubschicht reift fruchtbarer Humus nach, der die Bäume ernährt.

lungsreichen Pflanzenteppich zu Füßen der Bäume. Kräuter, Gräser und Blumen gedeihen hier einträchtig nebeneinander. Trockene Halme, dürre Ästchen und abgefallenes Laub sind im Sommer schnell überwuchert von einer lebendigen Pflanzengemeinschaft. Und überall riecht es nach duftender Walderde.

Niemals wird der Wald gedüngt. Und doch ernährt er alle seine Gewächse und unzählige Bäume so gut, dass sie zu mächtigen Gestalten heranwachsen. Dieses üppige Wachstum ist nur möglich, weil niemand im Wald Unkraut jätet und Blätter wegfegt. Alle abgestorbenen Pflanzenteile fallen zu Boden und decken ihn mit einer lockeren Schicht organischer Substanzen zu. Langsam aber stetig verrottet dieses Material. Es wird von den Kleintieren und Mikroorganismen des Bodens in Humus und Nährstoffe umgesetzt. So wächst unter der Pflanzendecke des Waldbodens ständig neue, nahrhafte Erde nach. Diese lautlos, aber sehr ergiebig arbeitende »hauseigene Düngerfabrik« ist in der Lage, Jahrzehnte, sogar Jahrhunderte lang eine ungeheure Fülle an Gewächsen zu ernähren.

Auf dem Heimweg von dieser kleinen Wald-Lehrstunde wird es jedem aufmerksamen Gartenfreund auffallen, dass die Natur nirgends eine »nackte Schönheit« ist. Wo auch immer durch Menschen, Tiere oder Witterungseinflüsse die Erde offen liegt, da sprießen sehr bald die ersten Wildkräuter aus dem Boden. Die Natur greift auf ihren unerschöpflichen Vorrat schlafender Samen zurück und zieht so rasch wie möglich eine grüne Decke über die ungeschützte Stelle. Wegränder, Bahndämme, brachliegende Felder oder Schuttflächen – alles wird in kürzester Zeit mit Pflanzen zugedeckt.

Wo dies nicht mehr von selbst geschieht, weil durch äußere Einflüsse die Regenerationsfähigkeit der Erde gestört ist, da bleibt der Boden offen liegen und ist allen zerstörerischen Kräften von Wind, Sonne und Regen ausgesetzt. Die fruchtbare Humusschicht wird von der Sonne ausgedörrt, vom Winde verweht oder vom Wasser weggeschwemmt. So entstehen – im schlimmsten Fall – Steppen und Wüsten.

## Bodendecken im Garten

Natürlich kann ein nachdenklich gewordener Gärtner die Erkenntnisse seines Waldspazierganges nicht einfach auf seine Gemüsebeete übertragen. Ein Garten – auch ein naturgemäßer Garten – ist keine Wildnis, sondern kultiviertes Land. Er braucht die pflegende Hand des Gärtners, wenn Obstbäume und Kohlpflanzen gute Ernten bringen sollen. Und doch können die Gesetze der Fruchtbarkeit sinngemäß auf Gartenbeete übertragen werden. Wandeln Sie zum Beispiel das Naturprinzip des bedeckten Bodens in Mulchschichten um. Diese Abdeckungen aus organischem Material sollten sehr sorgfältig behandelt werden. Sie müssen durchaus keinen unordentlichen und ungepflegten Eindruck machen. Im Grunde muss der Gärtner nur seine Sehgewohnheiten ein wenig ändern. Dann entdeckt er auch die Schönheit einer Laub- oder Grasdecke. Gießen ist nur bei anhaltender Trockenheit nötig. Dünger und Kompost werden nur noch in geringen Nachschubmengen gebraucht. Aber auch das richtige Mulchen will gelernt

sein! Achten Sie unbedingt darauf, dass die Decke aus lebendigem Material stets locker ausgebreitet ist. Die Sauerstoffzirkulation ist wichtig für eine harmonische Zersetzung. Wo saftiges, frisches Grün zu dicht aufeinander liegt, da entstehen bald Luftmangel und Fäulnis! Vor allem Grasschnitt darf nie »dick aufgetragen« werden. Am besten lassen Sie die Halme leicht antrocknen, bevor Sie sie als Mulchdecke verwenden.

In nassen Sommerwochen dürfen Sie nur sehr dünne Bodendecken ausbreiten, weil sich unter dichten Schichten die Schnecken gern in Massen verstecken. Erneuern Sie lieber öfter das Mulchmaterial im Laufe des Jahres.

## Material zum Mulchen

Anfangs erscheint es manchem Gärtner schwierig, genügend Material zur Abdeckung aller freien Flächen zu finden. Bei einiger Aufmerksamkeit

**Dass Bodendecken nicht unordentlich aussehen, beweist diese vorbildlich gemulchte Mischkultur. Auch Grasschnitt kann als Mulchmaterial dienen.**

und Übung werden Sie aber bald überall Stoff für abwechslungsreiche Bodenteppiche entdecken.

- **Grasschnitt** gibt es fast überall. Achten Sie darauf, dass er keine Samen tragenden Kräuter oder Gräser enthält. Die leicht ange-welkten Halme können überall im Garten verwendet werden.
- **Laub** fällt vor allem im Herbst an. Es erzeugt einen leicht sauren Humus und eignet sich besonders gut für Erdbeeren, Himbeeren, Brombeeren, Stachelbeeren, Johannisbeeren, Obstbaumscheiben und als Bodendecke un-ter Hecken und Sträuchern.
- **Rindenmulch** verrottet langsam und erzeugt sauren Humus. Er eignet sich für Erdbeeren, alle Beerensträucher, Hecken und Wege.
- **Stroh** zersetzt sich sehr langsam; es wird vor allem für Erdbeerbeete verwendet.
- **Gemischtes Material** sollte gehäckselt oder von Hand zerkleinert werden, ehe es als Mulchdecke ausgebreitet wird. Geeignet sind zum Beispiel Erbsenstroh, Gemüseabfälle, welke Blumen, Unkraut, Heckenschnitt usw. Diese Mischung kann auf Gemüsebeeten und im Obstgarten verwendet werden.
- **Brennnesseln** eignen sich als vorzügliches Mulchmaterial für alle Pflanzen des Gartens. Zerschneiden Sie die Stängel in 10–20 cm lange Stücke.
- **Beinwellblätter** ergeben einen gesunden Spezialmulch, der vor allem Tomaten gut be-kommt. Sie können die Blätter auch auf an-deren Gemüsebeeten ausbreiten oder mit Brennnesseln und Gartenabfällen mischen.
- **Tomatenblätter** werden unter Tomatenpflan-zen als Bodendecke ausgebreitet. Das Mate-rial gewinnen Sie aus Geiztrieben und ausge-brochenen Spitzen im Spätsommer.

## Die Vorteile des Mulchens

- Unter einer Bodendecke bleibt die Erde auch in heißen Sommerwochen lange feucht, locker und wohltemperiert. **Der Gärtner braucht weniger zu harken und zu gießen.**
- Das gemischte organische Material wird von den Bodentieren als Nahrung ange-nommen und ständig an Ort und Stelle in nahrhaften Humus umgesetzt. **Der Gärtner braucht weniger zu düngen.**
- Die feucht-warme, aber luftige Atmo-sphäre bietet den nützlichen Mikroorga-nismen ebenso wie den Regenwür-mern beste Lebensbedingungen. Bei der regen Tätigkeit von Bakterien, Pilzen und anderen Kleinstlebewesen wird im Boden viel Kohlensäure erzeugt, die durch das lockere, krümelige Gefüge zur Oberfläche aufsteigt. Die Pflanzen nehmen diesen für ihren Stoffwechsel wichtigen Stoff durch Spaltöffnungen an der Unterseite der Blätter auf. Das reich-liche Kohlensäureangebot ist eine der Erklärungen dafür, dass Pflanzen auf gemulchten Beeten besonders gesund und üppig wachsen. **Der Gärtner hat weniger Sorgen mit Krankheiten und Schädlingen.**
- Gemulchte Beete ersparen also Arbeit und zusätzliche Kosten. **Die Abde-ckung unterdrückt das Unkraut.** Das Hacken übernehmen die Bodentiere, die den Humus lockern.

# Mischkulturen – gute Nachbarschaft unter Pflanzen

Wer die Natur beobachtet, der entdeckt das Prinzip der gemischten Kulturen überall: Am Waldrand, auf wilden Wiesen und an ungestörten Bahndämmen wachsen immer bestimmte Pflanzengesellschaften zusammen. Sie finden sich unter den Bedingungen ihres Lebensraumes am besten zurecht. Auch untereinander halten sie »gute Nachbarschaft«. In der freien Landschaft gibt es keine einseitige Pflanzenherrschaft. Die Natur bevorzugt die angepasste Vielfalt, denn Gemeinsamkeit macht lebensstark! Natürlich kann man die »wilden« Mischkulturen nicht auf den Garten übertragen, denn den Standort der Gemüsepflanzen bestimmt der Gärtner. Aber bei der Planung seiner Beete kann er auf günstige Nachbarschaftsverhältnisse und eine möglichst abwechslungsreiche Bepflanzung achten. Durch Mischkulturen vermeidet man, ähnlich wie beim Fruchtwechsel, eine einseitige Auslaugung des Bodens. Der ge-

**Mischkulturen fördern das gesunde Wachstum. Gute Nachbarschaft wirkt sich auch auf das Zusammenleben von Pflanzen günstig aus.**

## Mischkultur gegen Schädlinge und Krankheiten

| Pflanzen | Schädlinge/Krankheiten |
|---|---|
| Möhren – Zwiebeln | Möhren- und Zwiebelfliege |
| Bohnen – Bohnenkraut | Schwarze Läuse |
| Knoblauch – Erdbeeren | Echter Mehltau |
| Tagetes – Petersilie | Wurzelälchen (Nematoden) |
| Wermut – Johannisbeeren | Säulchenrost |

**Die Kombination von Möhren und Zwiebeln hat sich bewährt. Diese Gemüse wehren sich gegenseitig die Möhren- und die Zwiebelfliege ab.**

sunde Wechsel findet bei dieser naturgemäßen Methode aber nicht in einem langen Zeitraum von drei bis vier Jahren statt, sondern er rotiert »vor Ort« auf einem einzigen Beet.

# Erprobte Kombinationen

Die Zusammenstellung der Mischkulturen entsteht nicht zufällig. Sie beruht auf jahrzehntelangen Beobachtungen in der Praxis. Oft stammen erprobte Kombinationen aus den Bauerngärten, wo sie sich schon seit Jahrhunderten bewährt haben. Aus solchen Erfahrungen wissen biologische Gärtner, dass manche Gemüsearten sich gegenseitig günstig beeinflussen, andere hemmen sich im Wachstum. Gute Nachbarschaft hat also auch Einfluss auf die Qualität der Ernte. Wissenschaftliche Untersuchungen zeigen, dass Wurzelausscheidungen und Düfte eine wichtige Rolle dabei spielen, ob Kohlköpfe und Tomaten »einander grün« sind. Mischkulturen-Beete sind anfangs oft relativ dicht bepflanzt. Die Reifezeit der verschiedenen Gemüsearten sollte aber so eingeplant sein, dass frühe Sorten den länger wachsenden Hauptkulturen rechtzeitig Platz machen. Da die Reihen sich rasch schließen, bleibt der Boden beschattet und feucht. Unkraut kann kaum noch durchdringen. Gut geplante Mischkulturen bringen erfahrungsgemäß reiche und gesunde Ernte.

## Mischkulturen, die Schädlinge abwehren

Pflanzen beeinflussen sich nicht nur im Wachstum oder in der Aromabildung, sie können sich auch in bestimmten Kombinationen gegenseitig vor Schädlingen und Krankheiten schützen.

Diese Möglichkeiten des vorbeugenden Pflanzenschutzes sollte jeder kluge Biogärtner unbedingt nutzen.

Weitverbreitet ist die seit altersher bekannte »klassische« Mischkultur von Möhren und Zwiebeln. Diese beiden Gemüsearten wehren sich gegenseitig die Möhren- und die Zwiebelfliege ab. Anstelle der verschiedenen Zwiebelarten können Sie auch Lauch und Schnittlauch als Partner für Möhren und Karotten einplanen. Außer dieser bekannten Kombination gibt es aber noch viele andere gute Nachbarschaften, in denen sich Pflanzen gegenseitig vor Schädlingen schützen. Kapuzinerkresse, auf Baumscheiben ausgesät, hält zum Beispiel die Blutläuse ab. Bohnenkraut als Randpflanzung schützt das Bohnenbeet vor Schwarzen Läusen. Vorbeugend gegen Pilzerkrankungen wie Echten Mehltau, wirken Knoblauch und Schnittlauch. Setzen Sie einige Pflanzen zwischen die Erdbeeren und auf die Baumscheiben der Obstbäume.

Ganz besonders empfehlenswert sind die hübschen Studentenblumen *(Tagetes)*. Ihre Wurzeln scheiden einen nemazitiden Stoff aus, der die gefürchteten Wurzelälchen (Nematoden) abtötet. Mit Hilfe eines Blütenteppichs können Sie so Ihren Gartenboden entseuchen, wenn diese Schädlinge sich ausgebreitet haben. Sie schädigen zum Beispiel Erdbeeren, Petersilie oder Christrosen. Ringelblumen *(Calendula)* besitzen ähnliche Wirkstoffe. Sie können mit den Studentenblumen gemischt werden.

Im Obstgarten kann Ihnen der bittere Wermut helfen. Setzen Sie ihn zu den Johannisbeersträuchern. Das intensiv duftende Kraut schützt sie vor Säulchenrost.

Solche Mischkulturen helfen Ihnen, den Garten auf natürliche Weise gesund zu erhalten.

## Empfehlenswerte Kombinationen

| Pflanze | Gute Nachbarschaft |
| --- | --- |
| Buschbohnen | Kohl, Salat, Sellerie, Rote Bete, Bohnenkraut |
| Erbsen | Möhren, Gurken, Zucchini, Salat, Kohl, Dill |
| Erdbeeren | Zwiebeln, Knoblauch, Schnittlauch, Salat, Spinat |
| Gurken | Erbsen, Bohnen, Dill, Salat, Lauch |
| Kartoffeln | Kohl, Tagetes, Kapuzinerkresse, Kamille, Kümmel |
| Kohlarten | Tomaten, Kartoffeln, Sellerie, Mangold, Rote Bete, Spinat, Salat, Lauch, Erbsen, Kamille, Kümmel |
| Kopfsalat | alle Gemüse und Kräuter außer Petersilie und Sellerie |
| Lauch | Möhren, Sellerie, Tomaten, Salat, Kohl, Erdbeeren |
| Möhren | Zwiebeln, Lauch, Salate, Mangold, Schnittlauch, Dill |
| Sellerie | Tomaten, Buschbohnen, Kohl, Lauch |
| Spinat | alle Gemüsearten; weniger günstig: Rote Bete |
| Tomaten | Kohl, Spinat, Sellerie, Zichoriensalate, Petersilie, Kapuzinerkresse |
| Zucchini | Mais, Stangenbohnen, Rote Bete |
| Zwiebeln | Möhren, Rote Bete, Salat, Erdbeeren, Dill, Kamille, Bohnenkraut |

## Kombinationen, die Sie meiden sollten

| Pflanze | Schlechte Nachbarschaft |
| --- | --- |
| Bohnen | Zwiebeln, Lauch, Erbsen, Fenchel |
| Erbsen | Bohnen, Lauch, Zwiebeln, Tomaten |
| Kohl | Zwiebeln, Knoblauch, Senfsaat, Erdbeeren |
| Salat | Petersilie |
| Tomaten | Fenchel, Kartoffeln, Erbsen |

# Natürlicher Pflanzenschutz im Biogarten

Pflanzenschutz sollte nicht nur aus Feuerwehraktionen bestehen. Wenn eine Krankheit ausgebrochen ist, wird guter Rat oft zu einer teuren Angelegenheit. Viel klüger und preiswerter erweist sich vernünftige Vorsorge. Mancher Plage kann man aus dem Weg gehen, wenn man ihr die Grundlage entzieht. Wie vorbeugende Maßnahmen aussehen können, erfahren Sie im folgenden Kapitel.

# Vorsorgen und Vorbeugen

Vorbeugende Maßnahmen spielen im naturgemäßen Garten eine besondere Rolle. Biogärtner handeln stets nach dem Grundsatz: Auf gesundem Boden wachsen auch gesunde Pflanzen. Deshalb gilt der Humuspflege ihre besondere Aufmerksamkeit. Darüber hinaus gibt es aber eine Fülle von speziellen Rezepten und Mittel, die zum richtigen Zeitpunkt eingesetzt werden müssen.

## Erfahrungen sammeln

Es sind im Grunde sehr einfache Maßnahmen, die Pflanzen vor Schäden bewahren. Sie entsprechen den Gesetzen der Natur. Jeder Gärtner, der sich die Zeit nimmt, das Wachsen und Blühen in seinem Garten aufmerksam zu beobachten, kommt fast von selbst zu solchen Erkenntnissen. Vielleicht sollten wir uns wieder viel mehr auf unsere eigenen Augen und Ohren verlassen und eingefahrene Gewohnheiten einmal kritisch überprüfen. Probieren Sie die Ratschläge aus der naturgemäßen Praxis selber aus, und vertrauen Sie Ihren eigenen Erfahrungen! Vor allem: Bleiben Sie geduldig. »Knopfdrucklösungen« zeigen zwar oft kurzfristig schnelle Erfolge, aber das dicke Ende der ungewollten Nebenwirkungen folgt meist nach.

## Standort und Sortenwahl

Manche Schäden und große Enttäuschungen können Sie vermeiden, wenn Sie von Anfang an solche Sorten auswählen, die dem Klima und den Bodenverhältnissen in Ihrem Garten angepasst sind. Apfelbäume brauchen zum Beispiel feuchten Boden und möglichst auch Luftfeuchtigkeit. An trockenen, sonnigen Hängen werden sie schlecht wachsen und immer anfällig für Krankheiten bleiben. Rosen lieben dagegen die Sonne. Nur an warmen, freien Plätzen werden sie ihre herrlichen Blüten gesund entfalten. Im Schatten sind Rosen besonders anfällig für Pilzinfektionen.

Achten Sie beim Kauf von Saatgut oder Pflanzen auf krankheitsresistente Züchtungen. Luftige Pflanzung verhindert ebenfalls einen starken Pilzbefall. Stickig-enge Verhältnisse bieten diesen Infektionen dagegen beste Verbreitungsbedingungen. Im Grunde verhält es sich mit den Pflanzen im Garten oft ähnlich wie mit dem Gärtner: Menschen, die sich vernünftig ernähren und kleiden, die sich abhärten und regelmäßig an der frischen Luft bewegen, entwickeln genügend eigene Widerstandskraft. Auch Pflanzen, die in guter Erde am richtigen Standort aufwachsen, die nicht überdüngt werden, aber auch nicht hungern müssen, solche Pflanzen gedeihen kräftig und entwickeln ausreichende Widerstandskraft. An ihrem gesunden Gewebe beißen sich die Läuse »die Zähne aus«, das heißt, sie wandern lieber gleich zu schwächlichen Gewächsen, mit denen sie leichteres Spiel haben. Krankheiten und Schädlinge breiten sich vor allem dort aus, wo sie von Schwachstellen angelockt werden. Deshalb ist eine naturgemäße Anzucht, die die Pflanzen stärkt, auf die Dauer die sicherste Vorsorge.

# Keine Angst vor Läusen!

Die kleinsten Tiere scheinen bei den Gärtnern oft die größte Panik auszulösen. Kaum tauchen ein paar grüne Blattläuse an den Rosenknospen auf oder ein paar Schwarze Läuse am Kirschbaum, da greifen sie zur Spritze. Viele Gartenfreunde, die ihre Blumen- und Gemüsebeete so vor drohendem Unheil beschützen möchten, denken gar nicht daran, dass Sie bei Ihrem »Feldzug« Feind und Freund im gleichen Augenblick treffen: Mit den Blattläusen sterben auch Marienkäfer, die Larven der Florfliegen und viele andere nützliche kleine Lebewesen. Wenn aber die natürlichen Feinde vernichtet sind, haben die nachfolgenden, meist resistenten Schädlinge um so freiere Bahn. Harte Maßnahmen sollte man deshalb nur in Notsituationen ergreifen. Bei geringem Schädlingsbefall können sich Gärtner in ihrem überschaubaren, kleinen grünen Reich gut mit solchen Mitteln helfen, die für die übrigen Bewohner des Gartens unschädlich sind.

## Natürliche Gegenspieler

Eine wichtige Rolle bei der Läuseabwehr spielen zahlreiche kleine Tiere, die Bestandteil des ökologischen Netzwerks im Garten sind. Außer den bekannten **Marienkäfern** und ihren Larven haben auch die Larven der **Schwebfliegen** und **Florfliegen, Raubwanzen, Schlupfwespen, Ohrwürmer** und **Vögel** Läuse auf ihrem Speiseplan. Solche »Mitarbeiter« sollte jeder Biogärtner kennen und schützen.

Die zarten Florfliegen ernähren sich von Nektar, Blütenpollen und Blattläusen.

Die gefräßigen Larven der Marienkäfer vertilgen Blattläuse in rauen Mengen.

## Einfache Hilfsmittel

Wo Blattläuse in kleinen Mengen auftauchen, da können Sie sie zerdrücken oder mit einem scharfen Wasserstrahl abspritzen. Stark befallene Triebspitzen sollten Sie herauskneifen und vernichten. Manchmal hilft auch ein kräftiger Düngerguss aus Brennnessel-Jauche oder flüssigem Algendünger. Er stärkt die Abwehrkräfte der angegriffenen Pflanzen. Überstäuben Sie befallene Pflanzen mit Algenkalk, Gesteinsmehl oder Holzasche. Diese Abwehrmaßnahmen helfen aber nur bei trockenem Wetter.

## Brühen für den Notfall

Das Material für wirkungsvolle Spritzbrühen ohne schädliche Nebenwirkungen liefert Ihnen die Natur kostenlos.

- **Rainfarn-Brühe**  300–500 g frische blühende Rainfarnpflanzen *(Tanacetum vulgare)* oder 30 g getrocknetes Kraut werden mit 10 Litern Wasser übergossen. Am nächsten Tag lassen Sie diesen Ansatz 30 Minuten bei geringer Hitze leise kochen. Dann wird die abgekühlte Brühe durchgesiebt und unverdünnt über verlauste Pflanzen und auf den Boden gespritzt.
- **Farnkraut-Brühe**  Aus Wurmfarn *(Dryopteris filix-mas)* oder Adlerfarn *(Pteridium aquilinum)* wird eine Brühe hergestellt. Setzen Sie 1 kg frische Blätter oder 100 g getrocknete Pflanzen nach dem gleichen Rezept wie die Rainfarnbrühe an. Die durchgesiebte Flüssigkeit wird unverdünnt gesprüht. Sie wirkt gegen Blattläuse und als Winterspritzung im Obstgarten gegen Schmier- und Blutläuse.

- **Wermut-Tee**  Überbrühen Sie 300 g frisches oder 30 g getrocknetes Kraut mit 10 Litern Wasser. Dieser Tee muss 10 – 15 Minuten ziehen. Nach dem Abkühlen wird er unverdünnt gegen Läuse ausgespritzt.
- **Schmierseifen-Lösung**  Aus reiner Schmierseife (in Apotheken und im Biofachhandel erhältlich) können Sie eine Lösung herstellen, die 2%ig angesetzt wird. Je nach Stärke des Befalls nehmen Sie 150 – 300 g Seife, die in 10 Litern heißem Wasser aufgelöst wird. Nach dem Erkalten sprühen Sie diese Brühe unverdünnt über die Läuse aus.

**Achtung:** Schmierseifen-Lösung ist zwar ungiftig, kann aber für weichhäutige Nützlinge wie Schwebfliegenlarven tödlich sein!

### Handelspräparate

Selektiv wirkende Mittel, die nur bestimmte Schädlinge, wie zum Beispiel die Läuse, treffen,

**Ohrwürmer sammeln sich gern in Blumentöpfen mit Holzwolle. Sie gehen von dort auf Läusejagd.**

sind sicher die Problemlösung, die der Natur am nächsten kommt. Solche Produkte schonen vor allem die überall gleichzeitig vorhandenen Nützlinge. Sie reduzieren ein zeitweises Übergewicht bestimmter Insekten, ohne zerstörend in das ökologische Netz einzugreifen.

**Extrakte aus Niembaum-Samen** sind zum Beispiel empfehlenswert. Sie enthalten den Wirkstoff Azadirachtin. Blattläuse, die diese Mittel aufnehmen, hören auf zu fressen. Ihr Hormonhaushalt wird gestört, deshalb können sie sich nicht weiter vermehren. Niem-Präparate sind nützlingsschonend und umweltfreundlich. Bezugsquellen finden Sie im Anhang.

Selektiv wirken auch **Bacillus-thuringiensis-Präparate.** Sie werden vor allem gegen Kohlweißlingsraupen eingesetzt. Für die meisten anderen Schmetterlinge sind sie ungefährlich. In akuten Notfällen können Sie die bienenungefährlichen **Pyrethrum-Präparate** benutzen. Diese Mittel, die aus afrikanischen Marge-riten gewonnen werden, sind für Menschen und Haustiere ungiftig, für Läuse und andere Kaltblüter aber tödlich. Leider treffen sie auch Nützlinge wie Marienkäfer und Schwebfliegen. Benutzen Sie sie deshalb nur, wenn wirklich großer Schaden droht, der durch andere Maßnahmen nicht mehr abgewendet werden kann. Synthetische Pyrethrum-Präparate sind für den naturgemäßen Garten nicht empfehlenswert!

In den meisten Fällen wird es Ihnen aber sicherlich gelingen, mit selbst zubereiteten Naturmitteln die Läuse in Ihrem Garten soweit kurz zu halten, dass sie weder Gemüseernten noch Blumenbeete ernsthaft gefährden. Eine totale »Ausrottung« ist weder nötig noch erstrebenswert. Auch diese kleinen Schädlinge füllen einen wichtigen Platz im ökologischen System aus. Wie sollten sonst die Meisen ihre Jungen satt bekommen, wenn keine einzige Blattlaus im Garten mehr aufzutreiben wäre?

Die Blätter des Niembaums werden in Indien seit Jahrtausenden zur Schädlingsabwehr genutzt. Niembaum-Präparate haben sich auch im Biogarten bewährt.

Wermutkraut können Sie auch als Brühe ansetzen wie den Ackerschachtelhalm. Tee oder Brühe wirken gut als Spritzmittel gegen Blattläuse.

# Schnecken-Stopp

Schnecken gehören zu den schlimmen Plagegeistern, die auch den friedfertigsten »Naturgärtner« zur Verzweiflung bringen können. Vor allem in verregneten Sommerwochen vermehren sich diese gefräßigen Weichtiere in furchterregendem Tempo. Die großen braunen, roten oder schwärzlichen Wegschnecken kann ein aufmerksamer Gärtner leicht finden und einsammeln. Viel schwieriger sind dagegen die kleinen grauen, erdbraunen oder schwarzen Nacktschnecken aufzutreiben. Sie verstecken sich über Tag in der lockeren Erde der Gartenbeete und gehen erst in der Dunkelheit »auf Raub« aus. Ihre Tarnfarbe schützt sie hervorragend vor der Entdeckung. Und ehe der Gärtner sich versieht, sind seine zarten Salat- und Gemüsepflanzen »abgeweidet«.

Solche Schäden muss man auch im naturgemäßen Garten nicht tatenlos hinnehmen. Es gibt eine ganze Reihe bewährter Mittel, die die Schnecken entweder von den Beeten fernhalten oder die die Tiere in Fallen locken. Alle diese Bio-Methoden sind ungefährlich für die nützlichen Tiere des Gartens. Sie treffen nur die Schnecken.

Besonders intensiv wirkt die naturgemäße Schneckenabwehr, wenn Sie mehrere Maßnahmen miteinander kombinieren. Die Wirksamkeit der Streumittel und der Abwehrpflanzen kann, je nach Bodenbeschaffenheit und Klima, etwas variieren. Auf diesem Gebiet müssen Sie ein wenig experimentieren. So werden Sie bald herausfinden, was in Ihrer individuellen Gartensituation am besten funktioniert. Sie können unter einer Vielzahl von Methoden wählen.

## Beugen Sie vor – dann haben Sie nicht das Nachsehen

Der vorbeugende Schutz gegen Schnecken beginnt schon sehr frühzeitig:

- Im Spätsommer oder Herbst paaren sich die Schnecken und legen ihre Eier ab. Achten Sie auf die perlweißen runden Kügelchen und vernichten Sie sie. So wird die Vermehrung bereits gestoppt.
- Im Spätherbst verkriechen sich die letzten Schnecken im Erdreich. Sie benötigen dafür vorhandene Hohlräume, weil sie selbst keine Löcher graben können. Wenn Sie Ihre Beete von Unkraut und Ernteresten säubern und die oberste Erdschicht ganz glatt harken, versperren Sie den Schnecken mögliche Schlupfwinkel für den Winter.

Die Spanischen Wegschnecken sind zu einer Plage geworden, weil sie keine natürlichen Feinde haben. Wenden Sie alle Maßnahmen an, die die Vermehrung verringern!

- Mulchen Sie nur in dünnen Schichten, damit die Schnecken sich nicht unter dieser angenehmen Decke im feuchten Untergrund verstecken können. Es ist sinnvoller, das Mulchmaterial öfter zu ergänzen.
- Wässern Sie nicht am Abend, vor allem der Regner hat dann gefährliche Auswirkungen: Da Schnecken in der Nacht unterwegs sind, werden sie von den feuchten Beeten in Scharen angelockt.
- Wo die Schnecken überhand genommen haben, verzichten Sie besser eine Zeit lang ganz auf das sonst so nützliche Mulchen. Hacken Sie Ihre Beete stattdessen regelmäßig mit einem Grubber oberflächlich durch. Bei dieser alten Gärtnermethode wird die

Verdunstung der Feuchtigkeit in tieferen Schichten unterbunden. Nur die obere Bodenkrume trocknet leicht aus. So finden die Wurzeln der Pflanzen genügend Wasser, aber die Schnecken wandern von der für sie unangenehm trockenen Beetoberfläche weg.
- Ziehen Sie besonders schneckengefährdete Pflanzen vor. Wenn Sie erst mit großen widerstandsfähigen Blättern in den Garten gesetzt werden, ist ihre Überlebenschance viel größer. Probieren Sie es mit Buschbohnen, Dahlien, Bohnenkraut und Basilikum.

## Tiere, die auf Schneckenjagd gehen

Unter den Tieren, die in einem naturgemäßen Garten heimisch werden können, gibt es zahlreiche Verbündete, die mit auf die Schneckenjagd gehen. Schaffen Sie deshalb Lebensraum für **Igel, Kröten, Blindschleichen** und **Spitzmäuse. Amseln** und **Stare** »vergreifen« sich ebenfalls an den Kriechtieren, wenn sie nicht zu groß und zu schleimig sind. Selbst große **Laufkäfer** und **Glühwürmchen** gehören zu den Verbündeten des Gärtners.

Ganz besonders nützlich machen sich die großen **Weinbergschnecken.** Sie vertilgen die Eier der anderen Schnecken und reduzieren damit auf Dauer erfolgreich die Vermehrung. Es lohnt sich, diese Tiere im Garten heimisch zu machen.

**Indische Laufenten** räumen ganz besonders gründlich unter den Schnecken auf. Sie müssen diesen nützlichen Haustieren allerdings gute Lebensbedingungen mit einer Wasserstelle und einem kleinen Stall schaffen.

Schneckenzäune bilden sichere Barrieren, die die Kriechtiere nicht überwinden können. So sind vor allem die gefährdeten Jungpflanzen im Frühling gut geschützt.

# Abwehrpflanzen

Sie werden es vielleicht nicht glauben, aber Schnecken können gut riechen! Deshalb üben stark duftende Pflanzen eine gewisse Abwehrwirkung aus. Dazu gehören zum Beispiel Bohnenkraut, Salbei und Thymian. Auch Farnblätter oder Tomatenblätter, die zwischen den Kulturen als Bodendecke ausgelegt werden, schrecken Schnecken ab. Diese Mittel wirken allerdings nur begrenzt. Sie sind stark abhängig von den örtlichen Boden- und Witterungsbedingungen. Setzen Sie Abwehrpflanzen deshalb vor allem als »begleitende Maßnahmen« ein.

# Schneckenzäune

Wirkungsvoll sind vor allem Systeme mit nach außen abgewinkelten Kanten, die die Schnecken nicht übersteigen können. Die Einzelelemente solcher Schneckenzäune bestehen meist aus Blechen, die beliebig miteinander kombiniert werden können. Sie sind sehr haltbar und können mobil eingesetzt werden. Manche Systeme lassen sich auch als schneckensicheres Frühbeet ausbauen. Gerade die besonders gefährdeten Jungpflanzen sind dort sicher aufgehoben. Bezugsquellen finden Sie im Anhang.

# Abwehrstreifen

Wer solche nicht ganz billigen Konstruktionen nicht verwenden möchte, der kann zu einfacheren Mitteln greifen: Streuen Sie Kalk, Gesteinsmehl oder Holzasche als Abwehrstreifen um gefährdete Pflanzen. Die weichhäutigen

Schnecken scheuen die scharfen oder ätzenden Bestandteile dieser Substanzen. Solche Mittel wirken allerdings nur bei trockenem Wetter. Gerade bei Nässe, wenn die Schnecken in Scharen unterwegs sind, ist aber Hilfe dringend nötig. Versuchen Sie es dann mit etwas beständigeren Stoffen wie Sägemehl, Fichtennadeln oder scharfem Sand.

# Fallen stellen und Sammeln

Um die Tiere zu reduzieren, können Sie auch systematisch Fallen auslegen. Unter Holzbrettern, feuchten Säcken, angewelkten Rhabarber- oder Gemüseblättern und ausgehöhlten Früch-

**Solche Bierfallen können Sie im Handel kaufen. Der Deckel schützt den Inhalt vor der Verwässerung durch starke Regenfälle.**

ten sammeln sich viele Schnecken, weil sie feuchte, dunkle Verstecke lieben. Am Morgen können Sie die Tiere dort einsammeln. Besonders viele Schnecken sind bei Regenwetter unterwegs. Dann sollten Sie systematisch sammeln. Bedenken Sie: Je mehr Schnecken Sie aus dem Garten entfernen, desto geringer fällt die Vermehrung aus!

Am Wiesen- oder Waldrand, wo sie niemandem schaden, werden sie dann wieder in die Freiheit entlassen. Man sollte über solche friedfertigen Umwege nicht spöttisch lächeln. Wer es mit dem »Schutz des Lebens« wenigstens im eigenen Garten ernst meint, der sollte, wo immer es möglich ist, tödliche Mittel und Methoden meiden.

Auch die inzwischen sehr bekannte Methode der **Bierfallen** wirkt tödlich. Aber der Gärtner braucht die Tiere wenigstens nicht eigenhändig umzubringen. Auf Schnecken gefährdeten Beeten werden Joghurt- oder Quarkbecher ebenerdig eingegraben und dann zu zwei Drittel mit Bier gefüllt. Die Tiere werden vom Hopfen- und Malzgeruch wie magisch angezogen. Sie ertrinken dann im verlockenden Gebräu. Der Abstand zwischen Flüssigkeit und Becherrand spielt dabei eine wichtige Rolle: Nur wenn die Tiere sich tief »hinunterbeugen« müssen, verlieren sie den Halt und fallen in das nasse Grab. Der Nachteil dieser Lockfallen besteht darin, dass unter Umständen Schnecken aus einem größeren Umfeld angezogen werden können. Bierfallen müssen regelmäßig gereinigt werden. Bringen Sie den Inhalt auf den Kompost. Bei Regenwetter ist es wichtig, dass ein kleines Dach das Bier vor dem Verwässern schützt. Komplette Bierfallen mit Überdachung können Sie auch im Handel kaufen.

## Umweltschonendes Schneckenkorn

In der größten Not kann Ihnen ein neues Schneckenkorn helfen, das umweltfreundlich und nützlingsschonend ist. Das Präparat »Ferramol« enthält natürliche Eisenverbindungen, vor allem Eisenphosphat. Die blauen Körner sind regenfest, sie locken also auch dann, wenn besonders viele Schnecken unterwegs sind. Die Wirkung beruht darauf, dass Schnecken, die den Köder fressen, anschließend keine Nahrung mehr aufnehmen können. Sie ziehen sich in ihre Verstecke zurück und sterben. Igel, Vögel und Haustiere sind durch dieses ökologische Schneckenkorn nicht gefährdet. Das Mittel ist von der Biologischen Bundesanstalt in Braunschweig geprüft und zugelassen.

## Was Schnecken uns lehren

Denken Sie bei allen Abwehrmaßnahmen aber auch einmal daran, dass selbst die Schnecken einen nützlichen Platz im ökologischen System einnehmen. Sie sorgen dafür, dass verfaulende Pflanzenabfälle und tote Tiere nicht liegen bleiben. Schnecken gehören zur »Müllabfuhr« der Natur und helfen auf ihre Weise, dass die Hygiene in der Umwelt eingehalten wird. Dass sie auch zarte Salatblätter lieben, ist des Gärtners Pech.

Viele Menschen betrachten die schleimigen Schneckentiere mit Abscheu. Sie sollten sich einmal die Zeit nehmen – ganz unvoreingenommen – an einem feuchten Regennachmittag eine große rote Schnecke zu beobachten. Würdevoll und gelassen zieht sie mit hocherhobenen Fühlern ihres Weges. Ein lautloses, zeitlupenlangsames Gegenbild unserer hektischen Betriebsamkeit. Sollten wir nicht auch im Garten manchmal gelassenere Maßstäbe anlegen?

# Wühlmäuse – die große Plage im Untergrund

Gegen die gefräßigen Nagetiere, die Gemüse-, Blumen- und Obstbaumwurzeln vernichten und oft sogar die ganze Pflanze zum Absterben bringen können, gibt es keine Wundermittel. Dennoch können Sie sich durch eine Reihe von wirkungsvollen Maßnahmen erfolgreich gegen die Wühlmäuse wehren.

Am sichersten ist immer eine Kombination verschiedener Methoden. Handeln Sie nach Möglichkeit gemeinsam mit den Nachbarn, damit die Tiere nicht in die angrenzenden Gärten flüchten und von dort eines Nachts zurückwandern und erneut Unheil anrichten.

## Abwehrmaßnahmen

### Geräusche und Druckwellen

Diese Methode ist sehr einfach und wirkungsvoll. Treiben Sie an gefährdeten Stellen lange Eisenstangen in den Gartenboden. Schlagen Sie mehrmals täglich mit einem Hammer kräftig auf diese Stäbe. Das Geräusch und die Druckwellen sind den empfindlichen Nagern sehr unangenehm. Wichtig ist, dass der Gärtner geduldig und ausdauernd bleibt. Hämmern Sie ein paar Wochen lang jeden Tag regelmäßig zu bestimmten Zeiten, zum Beispiel morgens und

Ausdauer und Konsequenz sind bei der Wühlmaus-Abwehr gefragt.

Wühlmäuse fressen Wurzeln, Knollen und Blumenzwiebeln – zum Leidwesen vieler Gärtner.

abends. So verderben Sie auch rückkehrwilligen Mäusen und Neulingen die Freude an Ihrem Garten!

## Penetrante Düfte

Unangenehm für die empfindlichen Nasen der Wühlmäuse sind starke Gerüche, vor allem dann, wenn Sie sie direkt in ihren »Wohnbereich« leiten. Legen Sie Nussbaumblätter, Thujazweige oder Heringsköpfe in die Gänge. Oder gießen Sie unverdünnte Holunderblätterjauche in freigelegte Öffnungen.

»Feindgeruch« verbreiten Menschenhaare. Holen Sie sich beim Friseur eine Tüte voll Haare – am besten unparfümierte und ungefärbte Männerhaare. Stopfen Sie alle offenen

Niemand verfolgt die Wühlmäuse so hartnäckig wie ein tüchtiger Kater. Er sorgt dafür, dass die Nager in »seinem Garten« nicht überhand nehmen.

Wühlmausgänge, die Sie entdecken können, mit Haaren zu. Die Wühlmäuse ziehen sich zurück aus solchen Regionen, die intensiv nach »Menschenfeind« riechen. Je ausdauernder Sie diese Methode anwenden, desto erfolgreicher ist sie.

## Abwehrpflanzen

Kaiserkronen und Knoblauch üben durch starken Geruch eine begrenzte Abwehr aus. Auch Wolfsmilch (*Euphorbia lathyris*) und Hundszunge (*Cynoglossum*) helfen teilweise gegen die Nager. Es gibt allerdings schon Mäuse, die vor Knoblauch nicht mehr zurückschrecken, sondern die Zwiebeln respektlos auffressen. Auch Mäusegewohnheiten passen sich offenbar den Verhältnissen an!

## Umleitung

Diese List können Sie anwenden, indem Sie eine Topinambur-Pflanzung am Gartenrand anlegen. Wühlmäuse lieben diese Knollen. Sie werden von anderen Gartenbeeten abgelenkt und können zwischen den Topinamburstauden leichter gefangen werden.

## Fallen

Spezialkonstruktionen gibt es seit vielen Gärtnergenerationen. Sie müssen allerdings mit Geschick aufgestellt werden. Ihre Wirkung ist gnadenlos tödlich.

## Tüchtige Kater

Nicht jede Katze traut sich an die kräftigen Wühlmäuse heran. Ein mutiger Kater ist der wirksamste Gartenschutz gegen die vermehrungsfreudigen Nager! Er gibt nie auf und geht unverdrossen immer wieder auf die Jagd.

# Pilzerkrankungen haben viele Gesichter

Zu den weitverbreiteten Plagen im Pflanzenreich gehören die verschiedensten Pilzerkrankungen. Schadpilze siedeln sich vor allem auf den Blättern und Früchten der Pflanzen an. Sie dringen in das Gewebe ein und zerstören die Leitbahnen. Besonders gefährlich sind Pilze, die auf altem Laub überwintern und von dort im Frühjahr erneut die Pflanzen infizieren. Pilze verbreiten sich besonders gut unter warmen, stickig-feuchten Verhältnissen.

## Der erste und wichtigste Schritt: Vorbeugen

Ein luftiger Standort, genügend Abstand unter den Pflanzen und eine ausgewogene Düngung, die festes Gewebe erzeugt, gehören bereits zu den vorbeugenden Maßnahmen gegen Pilzinfektionen. Alles, was dazu beiträgt, den Ausbruch von Krankheiten zu verhindern, ist wichtiger als spätere Gegenmittel, die den Schaden nur noch begrenzen können.

Im naturgemäßen Garten werden Pflanzen, die durch Pilzkrankheiten gefährdet sind, wie zum Beispiel Tomaten, Erdbeeren und Rosen, bereits vorbeugend mit Schachtelhalm-Brühe gespritzt. Diese Wildpflanze ist außerordentlich reich an Kieselsäure. Dadurch werden die Zellen der Pflanzen gestärkt. Pilzsporen können dann nicht mehr so leicht eindringen. Auch andere natürliche Spritzbrühen gegen Pilzinfektionen haben vor allem eine vorbeugende, stärkende Wirkung.

## Die wichtigsten Pilzinfektionen

- **Echter Mehltau** ist eine Krankheit, die durch verschiedene Pilze verursacht wird. Die Erreger sind auf bestimmte Pflanzen spezialisiert. Der mehlig-weiße Belag, der sich auf Blättern, Blüten oder Früchten ausbreiten kann, taucht zum Beispiel bei Rosen, Rittersporn, Gurken, Erdbeeren oder Stachelbeeren auf. Seine Sporen überwintern zwischen den Knospenschuppen.

Der Echte Mehltau gefährdet nicht nur Erbsen sondern auch Gurken, Rosen, Stachelbeeren und Apfelbäume.

Der Echte Mehltau ist ein Schönwetterpilz, der sich bei schwül-warmem Wetter und hoher Luftfeuchtigkeit besonders stark ausbreitet. Achten Sie bei allen gefährdeten Pflanzen auf genügend Abstand und sonnig-luftigen Standort. Vermeiden Sie starke Düngung, die weiches Blattgewebe verursacht. Vorbeugend wirken stärkende natürliche Spritzbrühen aus Schachtelhalm- oder Knoblauch-Tee. Achten Sie auf mehltauresistente Züchtungen. Erkrankte Pflanzenteile müssen entfernt und vernichtet werden. So können Sie die Infektion eindämmen. Im Handel werden wirkungsvolle biologische Spritzmittel zur Mehltau-Bekämpfung angeboten.

- **Grauschimmel-Pilze** (*Botrytis*) sind im Garten weitverbreitet. Sie lieben »feuchte Verhältnisse« und weiches Gewebe. Grauschimmel-Pilze gehören zu den Schwächeparasiten! Ihre Erreger sind überall latent vorhanden. Sie werden erst gefährlich, wenn sie günstige Bedingungen finden. Grauer Schimmelrasen auf Blättern, Blüten oder Früchten ist das »Markenzeichen« dieses Pilzes. Gefährdet sind zum Beispiel Erdbeeren, Gurken, Tomaten, Zwiebeln, Zwiebelblumen und Pfingstrosen. Vorbeugend wirken vor allem gute Kulturbedingungen. Wo der Standort und die Bodenverhältnisse stimmen, ist schon viel gewonnen. Vermeiden Sie zu starke Düngung. Zur Stärkung der Pflanzen tragen Spritzungen mit Schachtelhalm-Brühe oder Algenpräparate bei. Steinmehl und Mischkulturen mit Knoblauch wirken ebenfalls günstig. Bei Erdbeeren hat sich eine Strohmulchschicht bewährt, auf der die Beeren trocken und geschützt liegen. Entfernen Sie immer rechtzeitig alle kranken Pflanzenteile, damit die Infektion sich nicht weiter ausbreiten kann. Härtere Mittel sind normalerweise im naturgemäßen Garten nicht nötig.

Erdbeeren werden oft vom Grauschimmel überzogen, wenn die Früchte dicht gedrängt bei Regenwetter auf dem nassen Boden liegen.

Der Malvenrost ist weit verbreitet. Charakteristisch sind die braunen Pusteln auf der Blattunterseite und die gelb-braunen Flecken auf der Oberseite.

- **Rostkrankheiten** werden von Rostpilzen verursacht, die sehr vielgestaltig sind. Viele von ihnen benötigen für ihre Entwicklung einen Zwischenwirt, den sie zeitweise besiedeln. Charakteristisch für diese Pilzinfektionen sind – wie schon der Name verrät rostbraune oder rötliche Verfärbungen auf den Blättern. Besonders verbreitet ist der **Rosenrost**. Die Pflanzen werden dadurch stark geschwächt. **Malvenrost** und **Säulchenrost** an Johannisbeeren sind ebenfalls verbreitete Rosterkrankungen. Zu empfehlen sind vor allem vorbeugende Mittel. Sehr wichtig ist es, alle kranken Blätter regelmäßig zu entfernen und zu vernichten.

- **Kraut- und Knollenfäule** (*Phytophthora infestans*) befällt vor allem Kartoffeln und Tomaten. Die Infektion beginnt zuerst bei den Blättern, die sich rasch schwarzbraun verfärben und absterben. Die Tomaten bekommen braune Flecken, zuletzt faulen die Früchte. Die Kartoffelknollen zeigen hellgraue Flecken, darunter verfärbt sich das Fleisch braun-rötlich und geht dann in trockene Fäule über. Pflanzen Sie wegen der großen Infektionsgefahr Kartoffeln und Tomaten nicht in direkter Nachbarschaft. Vorbeugend wirken alle blattstärkenden Mittel wie zum Beispiel Schachtelhalm-Brühe, Algenpräparate und Steinmehl-Stäubungen. Wählen Sie krankheitsresistente Sorten aus! Alle infizierten Pflanzenteile müssen konsequent entfernt und vernichtet werden.

In nasskalten Sommermonaten ist die Ausbreitung der Kraut- und Knollenfäule fast vorprogrammiert. Tomaten können Sie dagegen nur schützen, wenn Sie diese Pflanzen im Gewächshaus, unter Foliengestellen oder an einem sehr warmen regengeschützten Platz an einer Hausmauer kultivieren.

# Natürliche Gegenmittel

Mit frischem oder getrocknetem Schachtelhalm – Letzteren erhalten Sie im Handel – lässt sich leicht eine Brühe herstellen.

## Ackerschachtelhalm-Brühe

Übergießen Sie etwa 1 kg frisches Kraut oder 150 g getrockneten Schachtelhalm mit 10 Liter Wasser. Dieser Ansatz bleibt 24 Stunden stehen und wird am nächsten Tag langsam aufgekocht. Die Brühe soll noch eine halbe Stunde leise sieden. Dann lassen Sie sie abkühlen und sieben die Flüssigkeit ab. Ackerschachtelhalm-Brühe wird 1:5 mit Wasser verdünnt und an sonnigen Vormittagen über die Pflanzen und den Boden versprüht. Diese Spritzung muss mehrmals im Abstand von 14 Tagen durchgeführt werden. Beginnen Sie frühzeitig im Frühling mit der vorbeugenden Behandlung.

## Knoblauch-Zwiebel-Jauche

Eine Stärkung der Widerstandskraft erreichen Sie auch durch schwefelhaltige Zwiebeln und Knoblauchzehen. Ein Pfund frische Zwiebeln, gemischt mit einigen Knoblauchzehen, werden mit 10 Liter Wasser angesetzt, bis sie zu einer Jauche vergoren sind. Diese Brühe wird 1:10 verdünnt über die Pflanzen gesprüht. Eine Vorbeugung gegen Pilzerkrankungen bewirkt auch die Mischkultur mit Knoblauch.

Im Handel können Sie unter mehreren Biopräparaten wählen, die vorbeugend gegen Pilzinfektionen ausgespritzt werden.

# Der kleine Gemüsegarten

Ehe Sie zu Hacke und Samentüte greifen, sollten Sie sich Gedanken darüber machen, welche Pflanzen Sie in Ihren Beeten anbauen wollen. Zeichnen Sie dann einen einfachen Plan und teilen Sie Ihren Nutzgarten so ein, dass Sie stets den Überblick über Ihre Gemüse-, Kräuter und Obstkulturen behalten.

# Die ersten Frühlings-Aussaaten

Die Sehnsucht nach dem ersten frischen Grün ist in den letzten Winterwochen besonders groß. Pflanzen keimen und wachsen aber nur dort, wo sie feuchtwarme Lebensbedingungen finden. Alle Gärtner, denen es jetzt schon in den Fingern kribbelt, können der kühlen Witterung ein Schnippchen schlagen: Bringen Sie den Frühling unter durchsichtige Hauben, dann bekommt er schneller warme Füße!

## Auf der Fensterbank

Es gibt viele Möglichkeiten, günstige Bedingungen für erste Aussaaten zu schaffen. Sehr preiswert sind die kleinen Fensterbank-Gewächshäuschen. Sie bestehen aus einer flachen Schale und einem durchsichtigen Plastikdach. Sie können das Gefäß mit einer sandigen Erdmischung füllen und darin Gemüse oder Blumen aussäen. Achten Sie aber unbedingt darauf, dass Löcher am Boden für guten Wasserabzug sorgen.

Noch praktischer sind Anzuchttöpfchen, die mit Erde aufgefüllt und nebeneinander in die Plastikschale gestellt werden. Drücken Sie nur 2–3 Samenkörner in jedes Töpfchen. Die kräftigen, gut durchwurzelten Jungpflanzen lassen sich dann später besonders gut versetzen.

So können Sie Küchenkräuter wie Kerbel, Dill und Basilikum vorziehen. Besonders leicht und rasch wachsen Tomaten, Zucchini und Gurken heran. Aber auch Garten- und Balkonblumen gewinnen einen großen Wuchsvorsprung, wenn sie in einer »warmen Kinderstube« groß werden.

Anstelle des Mini-Gewächshauses können Sie natürlich auch einfache Aussaatkistchen, Schalen oder Blumentöpfe verwenden. Diese Gefäße werden ebenfalls mit einer sandigen Erdmischung gefüllt. Damit die Samen rascher keimen, legen Sie Glasscheiben über die Schalen oder Kästchen. Blumentöpfe verwandeln Sie preiswert in kleine Treibhäuschen, indem Sie durchsichtige Plastiktüten darüber stülpen. Zwei gebogene Drähte, kreuzweise in die Töpfe gesteckt, sorgen dafür, dass die wärmenden Hauben nicht zusammenfallen. Ein Gummiband hält die Konstruktion rund um den Topfrand fest.

Alle Anzuchtgefäße müssen auf einer warmen, hellen Fensterbank stehen und gleichmäßig

An einem warmen Platz im Haus können Sie vieles vorziehen. Wenn die jungen Pflänzchen einzeln in Töpfe gesetzt werden, entwickeln sie sich besonders kräftig.

feucht gehalten werden. Unter den Abdeckungen entsteht ein feucht-warmes Wachstumsklima, in dem es rasch zu sprießen beginnt. Noch schneller kommt der Frühling in Anzuchtkästen auf Trab, die durch eine Heizschlange am Boden erwärmt werden. Wenn die Pflanzen größer werden, müssen Sie alle »Treibhäuser« öfter lüften, um die Kulturen abzuhärten.

## Frühbeet und Folientunnel

Ähnlich günstige Bedingungen können Sie auch draußen im Garten schaffen. Das gute alte, oft selbst gebaute Frühbeet sorgt für ein angenehmes Kleinklima. Als »Fußbodenheizung« dient hier eine Packung aus hitzigem Pferdemist, die bereits im Herbst 20–30 cm unter der Humusschicht eingelagert wird.

Auch unter leichten, praktischen Folientunneln gedeihen Ihre ersten Salatköpfe bestens. Aus halbrunden Eisenbögen und Kunststoff-Folie am Meter können Sie ein Gehäuse bauen, das ein

**Folientunnel schützen die ersten Frühlingsaussaaten. An sonnigen Tagen müssen Sie lüften!**

ganzes Beet überspannt. Rundum an den Rändern beschweren Sie die Konstruktion mit Brettern und Steinen.

Sehr wichtig für den Erfolg: Halten Sie die Erde regelmäßig feucht, und vergessen Sie bei warmem Wetter nicht zu lüften. Unter den durchsichtigen Abdeckungen entstehen rasch hohe Temperaturen und Verbrennungsschäden! Ziehen Sie unter den sonnenbeheizten Dächern vor allem Kopfsalat, Schnittsalat, Radieschen, Rettich, Kohlrabi und Kräuter heran.

## Das Gewächshaus

Der Traum vieler Freizeitgärtner ist ein richtiges Gewächshaus. Hier ist eine gute Isolierung besonders wichtig, sonst steigt der Heizungspreis in schwindelnde Höhen. Aber auch Kalthäuser, die nur von der Frühlingssonne erwärmt werden, lassen sich vielseitig nutzen. Wenn die selbst gezogenen Pflanzen im Frühling in den Garten umgezogen sind, gedeihen dort üppig die südländischen Gemüse: Tomaten, Gurken und Zucchini.

## Erste Freiland-Aussaaten

In milden Landschaften können Sie ab Mitte März, in rauen Gegenden ab April die ersten Gartenbeete bestellen. Voraussetzung ist frostfreies Wetter; die Erde muss abgetrocknet und leicht erwärmt sein. Petersilie, Spinat, Zwiebeln und Möhren können als Erste ausgesät werden. Bei trockenem Wetter dürfen Sie das Gießen nicht vergessen. Seien Sie nicht ungeduldig, die wetterfesten Frühlingskulturen keimen oft langsam.

# Salate für vier Jahreszeiten

Salate sind unkomplizierte, blattreiche Gewächse, die überall im Garten »nebenbei« wachsen können. Sie liefern frische Vitamine und wohlschmeckende Rohkost für eine gesunde Küche.

Aus dem schlichten grünen Lattich früherer Zeiten zauberten die Züchter inzwischen ein abwechslungsreiches Sortiment neuer Sorten. Mit leuchtenden Farben und verspielten Rüschen bilden diese Salate eine wahre Augenweide – sowohl im Garten als auch auf dem Tisch. Besonders empfehlenswert sind aber auch altbewährte Sorten, die sich durch Widerstandsfähigkeit und gesundes Wachstum auszeichnen.

Geschickte Gärtner können dieses Angebot nutzen und rund um das ganze Gartenjahr für frische Salate sorgen. Im Frühling und Frühsommer sind es vor allem Kopf-, Pflück- und Schnittsalate aus der Familie der Lattichgewächse, die die Saison eröffnen. Im Spätsommer und Herbst gesellen sich die Zichoriensalate hinzu, und im Herbst und Winter schließt der Feldsalat, ein Baldriangewächs, den abwechslungsreichen Reigen.

Alle Salate sind anspruchslos in der Kultur und verträglich in der Nachbarschaft. Sie können als bescheidene »Mitläufer« überall dort gesät und gepflanzt werden, wo gerade Platz übrig ist. Kompost und ein Guss Brennnesseljauche genügen ihnen als Nahrungsgrundlage. Probieren Sie es einmal durch vier Jahreszeiten mit grün-weiß-roten Salaten:

## Frühlings-Salate

Bereits im Frühbeet oder im Folientunnel können Sie den zarten Schnittsalat 'Hohlblättriger Butter' säen und den frühen Kopfsalat 'Mai-

Der Kopfsalat 'Kagraner Sommer' gehört zu den altbewährten Sorten.

Von rotem und grünem Eichblattsalat kann man viele Wochen lang ernten.

könig' pflanzen. Sie liefern die erste eigene Ernte. Von April bis Mai werden diese Frühlingssalate auch im Freiland herangezogen. Säen Sie als Mischkultur Kresse und Radieschen dazu. Auch die ersten Kohlrabi sind gute Partner für frühe Salate.

## Sommer-Salate

Ab Mai, wenn der Boden warm geworden ist und alle Pflanzen gut gedeihen, wird das Salatsortiment immer reichhaltiger und üppiger. Säen Sie in Abständen öfter verschiedene Sorten, dann gehen Ihnen die Vorräte nie aus. Die Sommersalate sind kräftiger im Blatt und widerstandsfähig gegen Hitze und Sonnenstrahlung. Sie schießen nicht so leicht wie die zarteren Frühlingssalate.

- **Kopfsalat** gibt es in vielen Variationen. Sie können unter altbewährten Sorten und neuen Züchtung en wählen. Ein traditioneller, immer noch ausgezeichneter grüner

Sommerkopfsalat ist 'Kagraner Sommer'. Neu sind unter anderen der Butterkopfsalat 'Mona' und die mehltauresistente Sorte 'Dolly'. Besonders hitzebeständig und kernig im Geschmack sind bräunliche und rötliche Salate. Großmutters 'Brauner Trotzkopf' wird immer noch angeboten. Er bildet dicke Köpfe mit welligen grünen Blättern, die an den Rändern bräunlich gesprenkelt sind.

Seine Nachfahren sind viel intensiver gefärbt. In kräftigem, bräunlichem Purpur leuchten sie durch den Garten. Rote Sommerkopfsalate bekommen Sie zum Beispiel unter den Sortennamen 'Merveille des quatre Saisons' oder 'Roxy'.

- **Pflücksalat** können Sie als hübsche Einfassung am Beetrand säen. Die Pflanzen wachsen wie Blattspinat in der Reihe. Sie bilden keine Köpfe und können wochenlang geerntet werden. Pflücken Sie immer die kräftigsten Blätter heraus. Die Pflanzen wachsen noch eine Zeitlang weiter, wenn Sie das »Herz« schonen.

Der Eissalat 'Great Lakes' bildet große haltbare Köpfe.

Späte Salatgenüsse verspricht der Radicchio. Seine Blätter schmecken bitter-würzig.

Eine bewährte grün-braune Sommersorte ist der 'Amerikanische Braune'. Attraktive Neuzüchtungen, die viel Abwechslung ins Gartenbild und in den Speiseplan bringen, sind 'Lollo Rossa', ein stark gekrauster rot-brauner Pflücksalat, der runde Rosetten bildet, oder Eichblattsalat, der durch schmalere rot oder gelbgrün gefärbte Blätter auffällt, die an stark ausgebuchtetes Eichenlaub erinnern. 'Baby Leaf' bietet eine Mischung aus verschiedenen grün und rot gefärbten Pflücksalat-Sorten.

■ **Eissalat** ist ein lange haltbarer Sommersalat, der sehr dicke Köpfe bildet. Knackige Blätter mit knusprigen weißen Rippen sind typisch für diesen Salat. 'Nabucco' gehört zu den neuen, 'Laibacher Eis' zu den altbewährten Sorten.

■ **Bindesalat oder Römersalat** bildet im Sommer kräftige, längliche Köpfe aus derben grünen Blättern. Er kann als Salat zubereitet oder als Gemüse gedünstet werden. 'Goodison' ist eine beliebte Sorte aus dem Mittelmeerraum für die italienische Küche.

## Herbst- und Winter-Salate

Im Sommer und im frühen Herbst werden auf abgeernteten Beeten diejenigen Salate ausgesät, die im Herbst und Winter noch frische Vitamine liefern sollen.

■ **Zichoriensalate:** Der 'Zuckerhut' bildet »fleischige«, spitz zulaufende Köpfe, die im Spätherbst erntereif werden. Ähnlich wie Endivien vertragen sie Kälte, aber keinen strengen Frost. Schlagen Sie diesen Salat im Winter mit den Wurzeln im Frühbeet oder im Keller in feuchten Sand ein.

Gesät wird der Zuckerhut von Juni bis Mitte Juli in Reihen mit 35 cm Abstand. Da die langen Zichorienwurzeln sich schlecht verpflanzen lassen, lichten Sie in der Reihe auf 30–35 cm Abstand aus. Geben Sie diesem späten Salat außer Kompost noch ein wenig organischen Dünger und Brennnessel-Jauche, damit er starke Köpfe bilden kann.

Eine Spezialität, die aus dem Süden kam, ist der rote Zichoriensalat, der auch **Radicchio**

Der Endiviensalat 'Jeti' lässt sich, von Folie geschützt, lange ernten.

Bei schneefreiem Wetter können Sie Feldsalat bis zum Frühjahr ernten.

genannt wird. 'Roter von Verona' ist eine alt-bewährte Sorte. Dieser attraktive Wintersalat bildet dunkelrote kleine Köpfe, die halbge-öffneten Rosen ähnlich sehen. Im Spätherbst schneiden Sie die Pflanzen kurz über dem Boden ab. Danach bilden sich schnell ge-schlossene Rosetten, die in milden Gegen-den ganz winterhart sind. In Landschaften mit strengem Frost sollte dieser Zichorien-salat mit Fichtenreisig abgedeckt oder im Frühbeet gezogen werden.

Eine neue Züchtung, 'Palla Rossa', benötigt keinen Rückschnitt mehr und bildet größere Köpfe. Diese Sorte ist aber nicht winterhart. Wenn das Wetter frostfrei bleibt, kann 'Palla Rossa' von Oktober bis Dezember geerntet werden. Sicherer ist die Kultur im Frühbeet-kasten, wo die Pflanzen vor strenger Kälte geschützt werden können.

Säen Sie rote Zichoriensalate ab Anfang Juni bis Mitte Juli aus. Der Reihenabstand beträgt 25 cm; die Jungpflanzen werden auf 10–20 cm Zwischenraum ausgelichtet. Etwas Dünger ist empfehlenswert.

■ **Endivien:** Anfang August müssen Sie die Endivien auspflanzen. Wer diesen gesunden Salat aus der Familie der Zichoriengewächse nicht selber im Sommer (Juni–Juli) ausgesät hat, der kann Jungpflanzen auch beim Gärt-ner bekommen.

Halten Sie beim Pflanzen einen Abstand von 25 × 30 cm ein, damit die Köpfe sich kräftig entwickeln können. Die Pflanzlöcher füllen Sie am besten mit feinem Kompost und gie-ßen anschließend gut an. Wenn die Salat-pflanzen angewachsen sind, bekommen sie noch einen Schuss Brennnesseljauche. Altbewährte Sorten sind 'Eskariol, grüner' und 'Eskariol, gelber'; als neue Züchtungen bieten sich 'Jeti' und die ganz fein gekrausten, dicht gefüllten Frisee-Endivien an.

Die gelben Endiviensorten sind zart, aber nicht lange haltbar; die grünen sind härter und widerstandsfähiger, sie vertragen auch leichtere Fröste. Decken Sie die Köpfe im Spätherbst mit Folie ab, dann können Sie noch lange frischen Salat im Freiland ernten. Bevor strenge Kälte einsetzt, werden die rest-lichen Endivienköpfe mit den Wurzeln im Keller in Sand eingeschlagen.

■ **Feldsalat:** Ganz winterhart ist der Feldsalat, den Sie von August bis September breitwür-fig oder in Reihen auf ein leeres Beet säen können. Sie haben die Wahl zwischen lang-blättrigen und rundblättrigen Sorten. Altbe-währt sind: 'Dunkelgrüner, vollherziger' und 'Holländischer, breitblättiger'. Der breitblättrige Feldsalat lässt sich einfacher putzen, die kleinblättrigen, dunkelgrünen Rosetten sind dafür würziger im Geschmack.

Feldsalat ist besonders reich an Vitamin C und Eisen. Er bleibt über den Winter im Freien und kann auch im Schnee geerntet werden. Decken Sie ihn aber vorher locker mit Fichtenreisig ab. Praktisch ist es auch, Feldsalat direkt in ein leeres Frühbeet zu säen. Unter den Fenstern ist er geschützt und leicht zu ernten.

Im Spätsommer müssen Sie alle Aussaaten und die Jungpflanzen regelmäßig feucht halten. Zwischen den Reihen decken Sie den Boden mit Gras oder zerkleinertem Unkraut zu, damit die Erde nicht so schnell aus-trocknet. Späte Salate schließen den Kreis des Jahres und versorgen Sie während der Winterzeit mit frischen Vitaminen.

# Möhren und Zwiebeln – ein ideales Paar

Seit unzähligen Gärtnergenerationen werden Möhren und Zwiebeln gemeinsam auf einem Beet angebaut. Dies ist die klassische Mischkultur, von der fast jeder schon einmal gehört hat. Die Erfahrung lehrt, dass diese beiden Gemüse sehr gut miteinander gedeihen. Wichtig ist auch der schädlingsabwehrende Aspekt: In dieser Kombination wehren sich die Pflanzenpartner gegenseitig die Möhren- und Zwiebelfliege ab. Dieser natürliche Mechanismus funktioniert allerdings nur dann, wenn auch die übrigen Kulturbedingungen stimmen. Es ist ein weitverbreiteter Irrtum, zu glauben, dass allein die Mischkultur der beiden Pflanzen die schädlichen Fliegen vertreiben kann. Naturgemäßes Gärtnern ist nur dann erfolgreich, wenn die Einzelmaßnahmen in die ökologischen Zusammenhänge eingebettet sind!

Diese kleine Einschränkung soll Sie aber nicht davon abhalten, die klassische Mischkultur auszuprobieren. Im Gegenteil, gerade für kleine Gemüsegärten ist sie einfach ideal. Sie lässt sich vor allem abwechslungsreich variieren. So können Sie zum Beispiel frühe Möhrensorten mit Schalotten oder Lauchzwiebeln kombinieren, während späte Möhren, die erst zu Beginn des Winters geerntet und eingelagert werden, gut zu Lauch passen. Porree und Zwiebeln gehören ja zur gleichen Großfamilie *(Allium)*. In einem kleinen Garten kann sogar der Schnittlauch die Rolle der Zwiebeln übernehmen. Zusammen mit zwei Reihen zarter, runder Karotten entsteht eine Mini-Mischkultur, die vitaminreiche Frühlingsrohkost liefert.

## Möhren

Das gesunde, carotinhaltige Wurzelgemüse ist robust und gedeiht fast überall. Wichtig ist vor allem ein lockerer, durchlässiger Boden, in den die Möhren tief eindringen und gleichmäßige Rüben bilden können. Sandige Erde eignet sich deshalb besser als schwerer Lehm.
Dieses Gemüse wächst in zweiter Tracht, das heißt, es hat nur einen mittleren Nährstoffbedarf. Kompost und kleine Mengen eines kalihaltigen Düngers, zum Beispiel Holzasche, genügen zur Vorbereitung des Beetes. Düngen Sie niemals mit frischem Mist, sonst ziehen Sie Maden und schädliche Fliegen an! Ein Möhren-

**Möhren und Zwiebeln bilden eine gesunde, sehr empfehlenswerte Mischkultur.**

beet sollte möglichst frei liegen und nicht zu eng bepflanzt werden. Durch luftige Kultur beugen Sie Krankheiten und Schädlingsbefall vor. Die Möhren- und Zwiebelfliegen können Sie erfolgreich »austricksen«, wenn Sie besonders früh oder spät säen. Sie umgehen dadurch die Flugzeit der Insekten und nehmen ihnen die Möglichkeit, in bereits gut entwickelten Rüben Eier abzulegen. Die erste Generation der Möhrenfliege sucht ab Ende Mai und in der ersten Junihälfte günstige Plätze für ihre Nachkommen. Die zweite Generation schlüpft etwa Mitte August aus. Möhren, die die typischen Fraßgänge der Fliegenlarven zeigen, sollten Sie nicht auf dem Beet liegen lassen und auch nicht kompostieren. Die Larven überwintern sonst im Garten und sind im nächsten Frühling zeitig zur Stelle.

Da Möhren nicht kälteempfindlich sind, können Sie in günstigen Lagen bereits im März säen. Die Samen keimen langsam, deshalb ist es ratsam, einige Radieschenkörner mit auszustreuen, die rasch aufgehen. So erkennen Sie die Reihen und können dazwischen gefahrlos jäten oder hacken. Zu dicht stehende Pflanzen werden später ausgezogen. Etwa 3–5 cm Abstand benötigen die Möhren, um sich kräftig zu entwickeln. Die letzte Aussaat mit späten Sorten für die Herbst-Winterernte ist bis Ende Juni möglich. Mischen Sie immer ein paar Körnchen Dill unter das Möhrensaatgut; die enge Nachbarschaft dieser beiden Doldenblütler hat sich sehr bewährt.

## Bewährte Sorten

Eine frühe altbewährte Möhrensorte ist zum Beispiel die süße, runde Karotte 'Pariser Markt'. Zu den mittleren Sorten gehören 'Nantaise', eine altbewährte Sorte, und 'Rotin'. Späte Wintermöhren sind die traditionsreiche 'Lange, rote, stumpfe, ohne Herz', 'Rote Riesen' und 'Juwarot', eine Gesundheitsmöhre mit hohem Carotingehalt.

Halten Sie Ihr Möhrenbeet gleichmäßig feucht. Mulchdecken sollten nur dünn ausgelegt und öfter erneuert werden. In der ersten Wachs-

Gerade, gesunde Möhren entwickeln sich in durchlässigem Humus.

Ernten Sie Ihre Zwiebeln, wenn das Laub dürr geworden ist, an einem sonnigen Tag.

tumszeit fördert ein wenig organischer Dünger die Entwicklung. Möhren, die mit gutem Kompost unter naturgemäßen Bedingungen gezogen werden, zeichnen sich durch süßen Wohlgeschmack aus.

# Zwiebeln, Lauch und Schnittlauch

Die gesunden, scharf-würzigen Nachbarn der Möhren haben sehr unterschiedliche Lebens- und Wachstumsgewohnheiten. Die gleiche Grundlage wie die roten Rüben verlangen die Zwiebeln: Mäßige Ernährung mit Kompost und einem kalihaltigen Dünger, wie zum Beispiel Holzasche. Zwiebeln vertragen keine starke Stickstoffdüngung. Geben Sie ihnen weder Mist noch Brennnessel-Jauche!

Lauch ist etwas anspruchsvoller; dieses gesunde Gemüse liebt nährstoffreichen, lockeren Boden, der mit Kompost und einem organischen Dünger gut vorbereitet wird.

## Allerlei Zwiebel-Gestalten

Bei den Zwiebeln können Sie zwischen sehr unterschiedlichen Arten und Sorten wählen. **Steckzwiebeln** werden ab April mit 10 cm Abstand flach in die Erde gedrückt. Daraus entwickeln sich dicke Einzelzwiebeln. **Schalotten** können zur gleichen Zeit gesetzt werden. Sie treiben rund um die Mutterzwiebel ein Nest kleiner und mittelgroßer Zwiebeln, die sehr delikat schmecken.

**Saatzwiebeln** können bereits sehr früh ab Mitte März ausgesät werden. Das feine Saatgut keimt langsam. Zu dicht stehende Pflänzchen werden später herausgezupft und in der Küche als Gewürz verwendet. Ausgesät werden auch weiße **Frühlingszwiebeln und Lauchzwiebeln,** die für den frischen Verbrauch bestimmt sind. Außer der Formenvielfalt haben die Zwiebeln auch noch sehr unterschiedliche Farben anzubieten. So gibt es zum Beispiel gelbe und dunkelrote Steckzwiebeln, schneeweiße Frühlingszwiebeln und Lauchzwiebeln in Weiß und Rot. **Sorten von Saat- oder Steckzwiebeln** bekom-

Schalotten bilden ein Nest mittelgroßer Zwiebeln, die sich durch Wohlgeschmack auszeichnen.

Eine Spezialität aus Großmutters Garten sind die Etagenzwiebeln.

men Sie in bewährten Züchtungen, wie zum Beispiel 'Zittauer Gelbe', 'Stuttgarter Riesen' und 'Braunschweiger Dunkelblutrote'. Außer den normalen, oft namenlos angebotenen Schalotten können Sie auch besondere Feinschmeckersorten wie 'Red Sun' (rotschalig) oder 'Golden Gourmet' wählen.

Eine Kuriosität stellen die **Etagenzwiebeln** dar. Sie treiben an der Spitze eines langen Stängels, sozusagen auf der »oberen Etage«, kleine vollausgebildete Brutzwiebeln. Diese Minizwiebelchen können Sie als Würze und als Saatgut für neue Pflanzen verwenden.

In der Pflege sind alle Zwiebeln wenig anspruchsvoll. Halten Sie den Boden immer locker und unkrautfrei. Beim Hacken müssen Sie darauf achten, dass die flachen Wurzeln nicht beschädigt werden. Wenn das röhrenförmige Laub gelb wird und sich von selbst niederlegt, sind die Zwiebeln erntereif. Saat- und Steckzwiebeln werden ebenso wie die Schalotten an warmen, trockenen Spätsommer- oder Herbsttagen geerntet. Lassen Sie die Zwiebeln möglichst ein bis zwei Tage an der frischen Luft trocknen. Dann reiben Sie die Erdreste ab und hängen die scharfwürzige Ernte gebündelt oder zu Zöpfen geflochten im Haus auf. An einem nicht zu warmen, trockenen Platz halten die Zwiebelvorräte dann den ganzen Winter.

## Lauch oder Porree

Für frühe Ernten säen Sie Lauch ab März ins Frühbeet oder ab April ins Freiland. Späte Wintersorten werden von Mai bis Juli ausgesät. Die Sorte 'Elefant' und 'Blaugrüner Winter' sind altbewährt und immer noch im Angebot.

Die schlanken Setzlinge pflanzen Sie in tiefe Furchen mit 15 cm Zwischenraum und 20–30 cm Reihenabstand. Dabei werden die schmalen Blätter und zu lange Wurzeln etwas eingekürzt. Geben Sie dem Lauch mehrmals Brennnesseljauche. Nach und nach werden die Furchen zugehackt und die Erde um die Pflanzen angehäufelt. So bekommt der Lauch schöne weiße Schäfte.

In milden Gegenden kann dieses Gemüse im Winter auf dem Beet bleiben und bei offenem Wetter jederzeit geerntet werden. In rauen Lagen empfiehlt es sich, die Pflanzen rechtzeitig vor strengem Frost im Frühbeet oder an einem geschützten Platz einzuschlagen.

## Schnittlauch & Co.

Das bekannteste Küchengewürz ist der Schnittlauch. Dieses Zwiebelgewächs kann gut am Rand des Möhrenbeetes stehen. Da es ähnliche Inhaltsstoffe besitzt wie die dicken Zwiebeln, eignet es sich auch zur Mischkultur mit den roten Rüben. Mehr über die Kultur von Schnittlauch erfahren Sie im Kapitel »Der kleine Kräutergarten« auf Seite 95.

**Lauch ist ein robustes, gesundes Wintergemüse.**

## Gesunde Genüsse aus der Zwiebelfamilie

Die Mitglieder der »Zwiebelfamilie« sind besonders reich an schwefelhaltigen, ätherischen Ölen. Sie gehören zu den ältesten Gemüse-, Würz- und Heilpflanzen; deshalb lohnt sich ihr Anbau auf jeden Fall auch in kleinen Gärten.

Die **Winterheckezwiebel** ist eine interessante, wohlschmeckende Verwandte des schlichten Schnittlauches. Ihre derben Röhrenblätter bilden mit den Jahren dichte Büsche, die sehr winterhart sind.

Der **Schnittknoblauch** ist eine Kreuzung aus Schnittlauch und Knoblauch. Seine feinen lätter durften nach Knoblauch. Schnittknoblauch ist unter den Sortennamen 'Sperlings Knolau' und 'Wagners Kobold' im Handel.

## Knoblauch

Der Knoblauch gehört zu den ältesten Gewürzen und Heilpflanzen der Welt. Seit Jahrtausenden wird er in Asien und in den Mittelmeerländern angebaut. Karl der Große empfahl ihn bereits um 812. n. Chr. für seine Landgüter. Die durchdringend »duftende« Zwiebel wirkt antibakteriell; sie beeinflusst die Durchblutung und die Darmtätigkeit sehr günstig.

Knoblauch gedeiht am besten auf einem sonnigen Beet mit humusreicher, lockerer Erde. Düngen Sie nur mit Kompost – zuviel Stickstoff verdirbt den Knoblauch! Die Zehen der Knoblauchzwiebel werden im März/April einzeln mit 15 cm Abstand etwa 5 cm tief in den Boden gesteckt. Im Herbst, wenn das Laub gelb wird, können Sie die Zwiebeln ernten. Bewahren Sie sie trocken auf wie Speisezwiebeln. Empfehlenswert sind Spezialitäten wie 'Rose de Lautrec' mit rosafarbenen mild schmeckenden Zehen und der Riesenknoblauch *(Allium ampeloprasum)*, der fast die Größe von Gemüsezwiebeln erreicht.

**Blühender Knoblauch in Mischkultur mit Gemüse.**

**Die hübschen Blüten des Schnittlauchs sind essbar!**

# Bohnen für jeden Geschmack

Junge Bohnen – knackig und doch zart – gehören zu den delikatesten Sommergemüsen. Frisch gepflückt aus dem eigenen Garten schmecken sie unvergleichlich gut.

Bohnen stellen an den Boden keine großen Ansprüche. Sie brauchen kaum Dünger. Im Gegenteil: An ihren Wurzeln bilden diese Schmetterlingsblütler (Leguminosen) mit Hilfe bestimmter Bakterien Stickstoffknöllchen. So hinterlassen sie sogar zusätzliche Nährstoffe in der Erde für nachfolgende Kulturen.

Alle Bohnen brauchen Wärme. Wenn sie zu früh in nasse, kalte Erde gelegt werden, faulen sie. Je nach Witterung und Landschaft werden Busch- und Stangenbohnen von Anfang bis Mitte Mai gesät. Von Juni bis Juli ist noch eine spätere Aussaat für die Herbsternte möglich.

Reiche Ernten versprechen die Stangenbohnen mit ihren langen, kräftigen Hülsen. Hier sind es die traditionsreichen Sorten 'Blauhilde' und 'Neckarkönigin' (oben).

Die großen Körner sollen nur 2–3 cm tief im Boden liegen. Wichtig ist genügend Abstand, damit sich alle Pflanzen kräftig entwickeln können. Als Nahrungsgrundlage genügt Kompost. Bohnen dürfen nie mit Stickstoff gedüngt werden; ihr Aroma leidet sonst, und die Gläser öffnen sich schon kurz nach dem Einkochen. Der Boden des Bohnenbeetes muss immer gleichmäßig feucht bleiben. Am besten wird die Erde mit einer dünnen Grasschicht zugedeckt. Auf einem normalen Gemüsebeet von 1,50 m Breite haben drei Buschbohnenreihen Platz. Günstig sind abwechslungsreiche Mischkulturen mit Roten Beten, Kohlrabi oder Salat. Am Rand eines Bohnenbeetes sollte immer Bohnenkraut ausgesät werden; sein würziger Duft vertreibt die Schwarzen Bohnenläuse! Es ist außerdem praktisch, wenn Sie das Gewürz zum Bohnengemüse stets zur Hand haben.

Die Familie der Bohnen ist sehr abwechslungsreich; wählen Sie unter folgenden, allesamt wohlschmeckenden Mitgliedern aus.

## Buschbohnen

Diese niedrig wachsenden Bohnen stellen die geringsten Platzansprüche. Sie wachsen etwa 30–40 cm hoch, bilden ordentliche, rundliche Büsche und können sogar als Einfassung eines Beetes verwendet werden.

Auf dem Gemüsebeet benötigen die Bohnenreihen untereinander 40 cm Abstand.

Es gibt grüne Buschbohnen und gelbe, fleischige Wachsbohnen, die sich besonders gut für Salat eignen. Eine Delikatesse für Feinschmecker sind die zarten grünen Filetbohnen!

- **Grüne Sorten:** 'Saxa' – altbewährt und robust, 'Delinel' – zarte französische Filetbohne, 'Primel' – frühe Brechbohne
- **Gelbe Sorten:** 'Wachs Beste von Allen' – alte traditionsreiche Sorte, 'Golddukat' und 'Berggold' – reich tragende neue Sorten
- **Blaue Sorten:** 'Purple Teepee' – die runden Hülsen reifen über dem Laub.

## Stangenbohnen

Diese rankenden Bohnen benötigen nicht mehr Grundfläche als niedrig wachsende Sorten; aber auf einem kleinen Grundstück wirken die hohen Stangen leicht störend. In einem größeren Nutzgarten lohnt es sich aber, ein solches Klettergerüst aufzustellen, weil Stangenbohnen sehr reiche Ernten bringen. Ihre Früchte sind größer und fleischiger als die der zierlichen Buschbohnen.

Als Rankhilfe werden mehrere, etwa 2 m hohe Stangen zeltförmig gegeneinander gelehnt und an den Spitzen zusammengebunden.

- **Grüne Sorten:** 'Neckarkönigin' – alte, immer noch hervorragende Sorte, sehr ertragreich, 'Mombacher Speck' – bewährte frühe Sorte
- **Gelbe Sorte:** 'Neckargold' – widerstandsfähige Traditionssorte
- **Blaue Sorte:** 'Blauhilde' – unübertroffene alte Sorte, beim Kochen färben sich die dunkelvioletten Schoten grün.

## Feuerbohnen oder Wollbohnen

In sehr kühlen Landschaften gedeihen am besten die Feuerbohnen, die auch Wollbohnen genannt werden. Diese Bohnen, die den Garten mit leuchtend roten oder weißen Blüten schmücken, klettern an Stangen ebenso bereit-

## Ernte-Tipps

- Pflücken Sie Bohnen stets vorsichtig mit beiden Händen, damit keine Pflanzenteile abgerissen werden.
- Bedenken Sie, dass bei guter Pflege wochenlang junge Bohnen nachwachsen! Ernten Sie nur bei trockenem Wetter.
- Frisch gepflückte Buschbohnen eignen sich für Gemüse und Salate. Aus Stangenbohnen wird Gemüse oder Suppe gekocht; Feuerbohnen schmecken am besten als deftig-rustikaler Eintopf.
- Achten Sie, wenn die saftigen Schoten reifen, besonders auf Kinder: Rohe Bohnen enthalten das giftige Phasin; sie dürfen nicht ungekocht gegessen werden!
- Wenn der Sommer einen Überfluss an Bohnen beschert, können die Früchte auch ganz einfach eingefroren, eingekocht, in Salz eingelegt (saure Bohnen) oder getrocknet werden.

willig hoch wie an Zäunen, Pergolagerüsten oder Balkongittern.

Feuerbohnen müssen, wenn Sie sie frisch verwenden möchten, jung und zart geerntet werden; später wird die Schale hart und »wollig«. Dann lassen Sie die Hülsen ausreifen und ernten die großen gesprenkelten Bohnenkörner.

- **Sorten:** 'Preisgewinner' ist eine rot blühende alte Sorte, die auch in rauen Lagen gut gedeiht. 'Weiße Riesen' sind ebenfalls altbewährt und ertragreich.

# Kohl – deftig oder zart

Der Urahn all unserer abwechslungsreichen Kohlsorten war wahrscheinlich eine schlichte, wilde Kohlpflanze, die an den Küsten des Atlantiks gedieh. Sie hielt dem rauen, stürmischen Leben in solchen Regionen stand und bewies große Vitalität.

Bereits die alten Griechen und Römer pflanzten verschiedene Kohlarten in ihren Gärten an. Der Historiker Plinius lobt ausdrücklich Gärtner, die Kohlpflanzen heranziehen, als vernünftig und vorsorgend!

Cato der Ältere (um 200 v. Chr.) hielt Kohl für »das allerbeste Gemüse«. Und das mit gutem Grund: Er ist außerordentlich wohlschmeckend sowie reich an Vitamin C und schwefelhaltigen ätherischen Ölen, außerdem enthält er wichtige Mineralstoffe und Spurenelemente. Nicht umsonst nannte man den Kohl in früheren Jahrhunderten den »Arzt der Armen«!

## Pflanzen und Düngen

Alle Kohlpflanzen können Sie problemlos selber aussäen. Wichtig ist nur, dass Sie immer den richtigen Zeitpunkt für die Aussaat im Frühbeet oder auf einem Gartenbeet wählen. Von den meisten Kohlarten gibt es frühe und späte Sorten. Außer den Kohlrabi gehören sie alle zu den »Starkzehrern«; Kohl braucht nahrhaften, humusreichen Boden, reichlich Dünger und gleichmäßige Feuchtigkeit für eine gesunde Entwicklung. Geben Sie ihm Kompost, einen organischen Vorratsdünger mit hohem Stickstoffanteil und Brennnessel-Jauche.

Pflanzen Sie Kohl nie zu eng. Dieses Gemüse muss sich mit luftigen Zwischenräumen ausbreiten können; bei stickigem, engem Stand ist die Gefahr von Krankheiten und Schädlingen groß. Um die Kohlweißlinge vor den fetten

Wählen Sie für den kleinen Garten solche Kohlarten aus, die auch auf begrenzten Beeten Platz finden.

Kohlrabi benötigt wenig Platz. Er kann als »Mitläufer« überall auf freien Stellen gepflanzt werden.

Kohl-Weidegründen abzuhalten, sollten Sie Tomaten oder Sellerie als Mischkultur wählen. Die kräftigen Gerüche dieser Gemüse irritieren die auf Kohldüfte »programmierten« Schmetterlinge. Wenn Sie bei der Pflanzung ein wenig Algenkalk in jedes Pflanzloch geben, beugen Sie der gefürchteten Kohlhernie vor. Senfsaat, die sonst an vielen Stellen im Garten gute Dienste leistet, sollten Sie niemals als Vorkultur auf ein Kohlbeet säen. Die beiden Kreuzblütler üben keinen guten Einfluss aufeinander aus!

## Kohlarten für kleine Beete

Trotz vieler guter Eigenschaften – Kohl ist dickköpfig und anspruchsvoll. Wenn Ihr Gemüsegarten nicht allzu groß ist, wählen Sie jedes Jahr nur ein oder zwei Kohlarten aus, die Sie dann wirklich großziehen können. Die folgenden Kurzporträts sollen Ihnen helfen, diejenigen Kohlarten zu finden, die am besten in Ihren Garten und in Ihre Küche passen.

### Kohlrabi

Die zarten »Knollen«, die eigentlich verdickte Stängelteile sind, benötigen kein eigenes Beet. Sie können als Randpflanzung an vielen Stellen des Gemüsegartens angepflanzt werden. Wo durch die Ernte Lücken entstehen, können Sie Kohlrabi auf die freien Stellen setzen. Vom Frühling bis zum Sommer ist es möglich, immer wieder neu zu säen und zu pflanzen. Für die ersten Aussaaten unter Glas oder Folien benutzen Sie am besten die frühen **Treibsorten,** zum Beispiel 'Blaro' oder 'Azur-Star', beide blau. Später gedeihen die hitzebeständigen

**Sommer- und Herbstzüchtungen** besser. Dazu gehören so bewährte alte Sorten wie 'Delikatess' weiß oder blau und 'Blauer Speck'. Spaß macht aber auch ein Experiment mit der neuen Züchtung 'Superschmelz', deren Knollen bei guter Ernährung weit über 10 Pfund auf die Waage bringen und die trotzdem zart und saftig bleiben.

### Brokkoli

Dieser zarte Sprossenkohl, der auch Spargelkohl genannt wird, gehört zu den Delikatessen des Gemüsegartens. Aus den Achseln der verzweigten Pflanzen wachsen immer wieder neue Triebe nach, die den »Röschen« des Blumenkohls ähneln. Brokkoli können Sie monatelang ernten; er verträgt sogar ein paar Grad Frost. Falls die Ernte zu reichlich ausfällt, lassen sich die zarten Sprossen gut einfrieren. Säen Sie Brokkoli ab April bis Anfang Juni im Freiland aus. Die Jungpflanzen werden dann mit 40–50 cm Abstand auf das vorgesehene

**Brokkoli eignet sich gut für kleine Gärten. Die Erntezeit dauert monatelang bis zum Frost.**

Beet versetzt. Schauen Sie öfter nach, ob Sie die Eier oder die Raupen der Kohlweißlinge an den Pflanzen finden – am besten gleich absammeln! Schneiden Sie die bläulich-grünen Rosetten mit den zarten Stielen solange die Knospen geschlossen sind. Bei warmem Wetter schießt dieser Kohl schnell in Blüte! Empfehlenswerte Sorten sind 'Calabrese' (oder 'Calabrais') und 'Inspiration', eine neue Züchtung mit zahlreichen zarten Seitentrieben für asiatische Spezialitäten.

## Grünkohl

Dieser Blätter-Kohl gehört zu den Wintergemüsen. Er wird erst im Mai oder Juni ausgesät und später auf abgeernteten Beeten mit 40 × 40 cm Abstand gepflanzt. In seinen Ansprüchen ist dieser gesunde, vitaminreiche Kohl bescheidener als die Kopfkohlarten. Seine krausen, länglichen Blätter brauchen einen kräftigen Frost, ehe sie zum ersten Mal geerntet werden. Grünkohl oder Krauskohl bleibt den ganzen Winter draußen und kann jederzeit im Freiland geschnitten werden. Gute, bewährte Sorten sind 'Halbhoher grüner Krauser' und die schmalblättrigen 'Lerchenzungen'. 'Redbor' ist eine attraktive Neuzüchtung mit rotvioletten, kräftigen krausen Blättern.

## Rosenkohl

Auch dieser wohlschmeckende Kohl gehört zu den Wintergemüsen. Säen Sie ihn aber bereits im April aus, denn spätestens im Juni müssen die Pflanzen auf dem Beet stehen. Der Abstand beträgt 50 × 50 cm. Rosenkohl hat eine lange Entwicklungszeit. Im September brechen Sie die Spitzen heraus, damit alle Wachstumskräfte den Röschen zugute kommen. Auch dieser Kohl bleibt den ganzen Winter im Freiland. Die rosenförmigen Sprossen werden erst nach dem ersten Frost geerntet. Eine gute Sorte für den Hausgarten ist die traditionsreiche alte Züchtung 'Hilds Ideal'. Rote Röschen für die Herbsternte liefert die neue Züchtung 'Rosella'.

Grünkohl ist ein Wintergemüse. Die rotlaubige Sorte 'Redbor' bringt Farbakzente in den Gemüsegarten.

Der Rosenkohl liefert im Winter vitaminreiche Ernten für gesunde Mahlzeiten.

# Gurken – kühle Früchte, die die Wärme lieben

Erst im ausgehenden Mittelalter breiteten sich die südländischen Gurken im rauen Klima nördlich der Alpen aus. Heute sind sie uns im Garten und in der Küche so vertraut, als gehörten sie zu den einheimischen Gewächsen. Aber in kühlen, verregneten Sommerwochen leiden die gebürtigen Inderinnen noch immer unter »Heimweh«.

Obgleich Generationen von Gärtnern zahlreiche Gurkensorten züchteten, die an unser Klima angepasst sind, brauchen die Pflanzen noch immer möglichst viel Wärme. Bei wechselndem Wetter und starken Temperaturschwankungen erleiden Gurken oft einen Wachstumsschock. Die Folgen sind bittere, verkrüppelte Früchte. Wer die Gurken ihrer Natur gemäß anbaut, der muss also versuchen, ein wenig südliches Klima in den rauen Norden zu zaubern.

## Zusatz-Heizung für Südländer

Wärme kann man durch die verschiedensten Methoden verstärken. Selbstverständlich muss das Gurkenbeet in der Sonne liegen. Trotzdem soll der Platz ein wenig abgeschirmt sein. Kalte Winde hält zum Beispiel eine Randpflanzung aus Erbsen oder Zuckermais ab. Bewährt hat sich auch die Nachbarschaft von Dill.

Wärme bietet auch eine »Fußbodenheizung« aus Pferdemist, die im Frühling in der Mitte des Gurkenbeetes etwa 20–30 cm tief eingegraben wird. Darüber häuft man einen lang gestreckten, niedrigen Hügel aus lockerer Erde, die mit Kompost vermischt wurde, an. Der hitzige Mist erwärmt den Boden, der im Frühling oft noch kalt ist; dadurch keimen die Gurken leichter und schneller.

Wärmende Folientunnel, Frühbeetkästen oder Kleingewächshäuser verbessern ebenfalls das Klima für die südländischen Früchte.

Gurken bilden lange Ranken, die Sie an Klettergerüsten hochleiten können.

## Aussaat drinnen und draußen

Gurken reagieren auf späte Frühlingskälte noch empfindlicher als die Bohnen. Sie dürfen erst in die Erde, wenn keine Frostgefahr mehr besteht. Um einen Vorsprung zu gewinnen, können Sie aber einige Pflanzen auf der Fensterbank oder im geschlossenen Frühbeet vorziehen.

Häufeln Sie in der Mitte des Gurkenbeetes einen etwa 30 cm hohen Erdhügel auf, der in Längsrichtung verläuft. Vermischen Sie den Humus bereits einige Wochen vor der Pflanzung mit reichlich Kompost und einem organischen Vorratsdünger.

Bei günstiger Witterung können Sie in der zweiten Maiwoche mit der Freilandaussaat beginnen. Ziehen Sie mit dem Stiel des Rechens eine Rille in der Mitte des Hügels, und legen Sie alle 10 cm 1–2 Gurkenkörner. Später bleiben nur die kräftigsten Pflanzen mit 30–40 cm Abstand stehen.

## Gurken sind durstig

Wichtig für gutes Gedeihen ist reichlich Feuchtigkeit. Während der Sommerzeit halten die Gurkenranken bereits den Boden schattig und schützen die Feuchtigkeit in der Erde. Freie Stellen sollten stets mit Grasschnitt oder Unkrautabfällen gemulcht werden. Wässern Sie deshalb in den frühen Morgen- oder Abendstunden. Dabei ist es günstiger, den Strahl der Gießkanne oder des Schlauches direkt in den Wurzelbereich zu lenken, als den Regner anzustellen. Nässe auf den Blättern fördert bei warmem Wetter den Pilzbefall!

Gießen Sie die Pflanzen während des Sommers auch mehrmals mit Brennnessel-Jauche, die 1:10 mit Wasser verdünnt wird. Diese Zusatznahrung sorgt für reiche Ernten, denn die saftreichen Früchte gehören zu den Starkzehrern.

## Manche wollen hoch hinaus

Gurken kriechen mit ihren langen Ranken nicht nur über die Erde, sie schwingen sich auch gern in luftige Höhen, wenn man ihnen Gelegenheit dazu gibt. Dort oben sind die Früchte für kriechende Schädlinge unerreichbar. Als Klettergerüst eignen sich zum Beispiel einfache Baustahlmatten, die am besten mit leichter Neigung aufgestellt und seitlich an starken Pfosten be-

Mittelgroße Gurken wie die Sorte 'Delikatess' können vielseitig verwendet werden: für Salate oder als Schmorgemüse.

## Ernte-Tipp

Pflücken Sie Gurken stets behutsam mit beiden Händen, damit die Ranken unbeschädigt bleiben und noch lange neue Früchte tragen können.

festigt werden. Zu schwache Gestelle tragen die Last der schweren Früchte nicht! Besonders schön und natürlich wirken Rankgitter aus Holz oder Bambus, die man mit ein wenig handwerklichem Geschick selber bauen kann. Gurken, die luftig in den Zwischenräumen baumeln, lassen sich leicht und angenehm pflücken. Bei Regenwetter sind sie auch nicht so stark mit Erde bespritzt.

Da Gurken leicht von Mehltau befallen werden, sollten Sie sie ab Anfang Juni bereits vorbeugend mit Schachtelhalm-Brühe übersprühen. Die Spritzung muss mehrmals im Abstand von 14 Tagen wiederholt werden. Auch durch die Wahl einer mehltauresistenten Sorte können Sie bereits vorbeugenden Pflanzenschutz betreiben.

## Vielseitiger Erntesegen

Gurken können Sie monatelang während des ganzen Sommers ernten. Je nach Sorte und Landschaftsklima reifen sie von Mitte Juli bis Ende September. Gärtner und Köche können wählen zwischen den verschiedensten Züchtungen und Sorten.

**Schlangengurken** haben lange, gleichmäßige Früchte mit glatter Schale; sie eignen sich für Salate ebenso wie zum Schmoren. Die alte Sorte 'Riesenschäl' wächst im Freiland und wird gern für Senfgurken benutzt. Eine mittelgroße **Allzweckgurke** ist die gute alte Sorte 'Delikatess'. Sie ist dickfleischig und robust. Die Schale zeigt sich etwas rau und warzig. Diese Gurke kann zum Einmachen und zum Einfrieren ebenso verwendet werden wie zum Schmoren oder zur Salatzubereitung. Die kleinen Gurken, wie zum Beispiel 'Vorgebirgstrauben', gehören zu den **Einmachsorten.** Die neue $F_1$-Hybride 'Colet' ist mehltauresistent und bitterfrei.

Gurken enthalten nur sehr wenige Kalorien; dafür sind sie reich an Wasser und Mineralstoffen wie Eisen, Phosphorsäure und Jod.

Die kleinen Einmachgurken bringen reiche Ernten. Sie eignen sich am besten zum Einkochen mit Gewürzen oder zum Einlegen in Salz.

# Zucchini und Speisekürbisse

Erfolgserlebnisse, die man rasch mit Händen greifen und außerdem genüsslich aufessen kann, bieten die prachtvollen neuen Zucchini-Züchtungen. Man kann ihnen buchstäblich beim Wachsen zusehen; auch ungeübten Gärtnern bereiten sie keine Probleme. Die üppigen Pflanzen sind mit Kürbissen, Melonen und Gurken verwandt.

## Kein Problem: die eigene Anzucht

Die großen, flachen Samenkörner lassen sich leicht aussäen. Wenn sie über Nacht in einem Tellerchen mit warmem Wasser aufquellen, keimen sie noch rascher.

Ziehen Sie Zucchini und Speisekürbisse im April auf einer warmen Fensterbank oder in einem Kleingewächshaus vor, dann können Sie ab Mitte Mai schon kräftige Pflanzen in den Garten oder auf den Balkon bringen.

Legen Sie immer zwei Körner in einen kleinen Blumentopf. Die Erdmischung soll locker und etwas sandig sein. Halten Sie diese Aussaat gleichmäßig feucht und warm.

Schon bald durchstoßen die kräftigen Keim-blätter die Erde, und kurz danach entfalten sich die ersten typischen Zucchiniblätter. Die Jung-pflanzen brauchen helles Licht, müssen aber vor direkter heißer Sonnenstrahlung geschützt werden. Lassen Sie nur den kräftigsten Sämling weiterwachsen; die schwächere Pflanze entfer-nen Sie, oder Sie setzen sie in einen Einzeltopf, wo sie sich weiterentwickeln kann. Erst ab Mitte Mai, wenn keine Nachtfröste mehr zu befürch-ten sind, dürfen die vorgezogenen Zucchini und Speisekürbisse ins Freiland umziehen.

Sehr aromatisch und lange haltbar sind die runden 'Hokkaido'-Kürbisse (unten).

Die gelbfrüchtigen Zucchini-Sorten sind wohl-schmeckend – das wissen auch Schnecken!

Rankende Sorten können Sie gut zwischen Stangenbohnen oder Zuckermaisreihen pflanzen. Als bodendeckender Partner für die buschig wachsenden Zucchini eignet sich die Kapuzinerkresse.

## Wer die Wahl hat ...

Aus der abwechslungsreichen Familie der Speisekürbisse werden zahlreiche Züchtungen im Handel angeboten. Alle wachsen üppig und problemlos. Ein warmer, geschützter Standort ist besonders günstig. Die nicht rankenden Arten bilden ausladende Büsche mit riesigen Blättern. Sie brauchen viel Platz und müssen auf dem Beet mit 1 m Abstand gepflanzt werden. Geben Sie reichlich Kompost und einen organischen Vorratsdünger ins Pflanzloch. Eine Abdeckung aus Gras oder Brennnesseln hält den Boden feucht. Die saftstrotzenden Zucchinipflanzen brauchen stets reichlich Wasser. Zwei- bis dreimal sollten Sie sie in der Hauptwachstumszeit mit verdünnter Brennnessel-Jauche düngen.
Am besten probieren Sie jedes Jahr eine andere Züchtung aus. Sie alle sind ein Experiment wert:

- **Grüne Zucchini** bilden lange, walzenförmige Früchte. Bewährt hat sich die Züchtung 'Diamant'. Die gestreifte Sorte 'Striato d'Italia' ähnelt den »Ur-Zucchini« aus Italien.
- **Gelbfrüchtige Sorten** tragen reich, sind sehr wohlschmeckend aber etwas anfällig gegen Fäulnis. 'Gold Rush' ist eine schon länger erprobte Sorte.
- **»Ufos« oder »Fliegende Untertassen«** nennt man Züchtungen mit flachen, weißen

Früchten. Angeboten werden sie unter dem Sortennamen 'Gistard White'. 'Sunburst' ist eine gelbe Sorte.
- **Spaghetti-Kürbisse** bilden lange Ranken, an denen goldgelbe, melonengroße Früchte baumeln. Sie werden ganz gekocht; das Fleisch zerfällt im Inneren zu nudelartigen Fasern. Sie bekommen sie unter dem Namen 'Vegetable Spaghetti'.
- **Melonensquash** 'Early Butternut' rankt mäßig und trägt glockenförmige gelbe Früchte, die sehr lange haltbar sind. Das Fruchtfleisch ist sanft orange gefärbt; es schmeckt angenehm süß und nussartig. Der Eigengeschmack ist viel stärker ausgeprägt als bei anderen Speisekürbissen. Das muss man probieren!
- **'Hokkaido'** heißt ein beliebter runder Speisekürbis, der außen und innen orangerot gefärbt ist. Sein Fleisch schmeckt delikat nussartig. Die Früchte sind vielseitig verwendbar und lassen sich sehr lange lagern.

Eine besondere Spezialität stellen die Spaghetti-Kürbisse mit ihren nudelartigen Fasern dar.

# Tomaten – Qual der Wahl

Die roten Paradiesäpfel lassen sich besonders leicht und erfolgreich selber anziehen. Im vielfältigen Samenangebot der Tomaten entdecken Sie auch manche interessante Züchtung, die Sie als vorgezogene Pflanze beim Gärtner nicht bekommen. Vor allem die große Fülle alter Sorten, die heute wieder angeboten werden, lohnt das Ausprobieren. Bezugsquellen für solche Tomaten-Schätze finden Sie im Anhang.

## Tomaten selber säen

Säen Sie Anfang April den Tomatensamen in kleinen Töpfen aus. In jedes Töpfchen legen Sie

**Unter einem Folientunnel sind Tomaten vor Kälte, Pilzen und Nässe geschützt.**

2–3 Körner, decken sie dünn mit Erde zu und drücken zum Schluss die Oberfläche mit der Hand behutsam fest. Dann gießen Sie mit warmem Wasser an und halten die Töpfchen während der nächsten Wochen gleichmäßig feucht. Dieser »Tomaten-Kindergarten« kann auf einer warmen, hellen Fensterbank ebenso gut stehen wie in einem kleinen Gewächshaus. Tomatensamen keimt sehr rasch. Lassen Sie später nur die stärkste Pflanze in jedem Töpfchen stehen. Die anderen werden herausgezupft. Achten Sie nun auf viel Licht und frische Luft, damit die jungen Tomaten gedrungen und kräftig wachsen. Sobald die kleinen Töpfe durchwurzelt sind, setzen Sie die Jungpflanzen noch einmal einzeln in größere Gefäße um. Ab Anfang Mai stellen Sie die Tomaten zum Abhärten in ein Frühbeet oder an einen geschützten Platz am Haus. In kalten Nächten, aber auch an unfreundlichen Tagen müssen sie noch durch Glasfenster oder Folien geschützt werden.

## Der Umzug in den Garten

Nach dem 20. Mai ziehen die Tomaten dann auf ihren »Stammplatz« im Garten um. Sie gedeihen am besten auf einem sehr sonnig gelegenen Beet. Das Pflanzloch wird mit Kompost und organischem Vorratsdünger versorgt. Setzen Sie die Tomaten möglichst tief und schräg, bis zum ersten Blattansatz, in die Erde. Sie bilden dann am unteren Stängel noch zusätzliche Wurzeln und können dadurch mehr Nährstoffe und Wasser aufnehmen. Zum Schluss gießen

Sie kräftig an. Treiben Sie auch möglichst frühzeitig einen kräftigen Stock neben den Tomaten in den Boden, damit Sie die rasch wachsenden Pflanzen bald anbinden können. Neben dem Wurzelballen graben Sie einen leeren Blumentopf schräg in die Erde. Gieß- und Regenwasser wird durch die Öffnung am Boden direkt zu den Tomatenwurzeln geleitet.

Gute Nachbarn auf dem Tomatenbeet sind Sellerie, alle Kohlarten und Lauch. Diese Kombinationen benötigen aber reichlich Platz. In einem kleinen Garten, in dem Sie nur wenige Tomaten großziehen möchten, empfiehlt sich eher eine Bodendecke aus Spinat oder Kapuzinerkresse und eine Randpflanzung aus Pflücksalat oder Petersilie.

## Naturgemäße Pflege

Im Juli setzt die Hauptwachstumszeit der Tomaten ein, die bis September andauert. In diesen Monaten entwickeln die Pflanzen immer neue Blüten und Fruchtansätze. Gesund und kräftig kann sich der reiche Paradiesapfel-Segen aber nur entwickeln, wenn die Tomaten regelmäßig gepflegt werden: Sie brauchen jetzt reichlich Wasser, Nährstoffe und Wärme.

In kühlen, verregneten Sommerwochen ist eine luftige Folienkonstruktion für die Entwicklung der Tomaten sehr hilfreich. Schlagen Sie rund um das Beet einige kräftige Holzpfähle in den Boden, auf denen ein Lattengerüst mit Folienbespannung befestigt wird. Es genügt, wenn die Pflanzen von oben durch ein Dach vor übermäßiger Nässe geschützt werden. Gleichzeitig verstärkt die durchsichtige Decke die Wärme der Sonnenstrahlen. Die Früchte können

dann bis spät in den Herbst noch ausreifen. Das Tomatenbeet muss regelmäßig gemulcht werden. Verwenden Sie dafür auch alle Abfälle der Tomaten wie welke Blätter und Geiztriebe, denn diese Pflanzen leben eigenartigerweise gern in ihrem »eigenen Dunstkreis«. Außerdem eignen sich für eine Bodendecke, die die Feuchtigkeit in heißen Sommerwochen schützt, auch Grasschnitt, zerkleinertes Unkraut, geschnittene Brennnesseln und Beinwellblätter. Der Nahrungsbedarf der Tomaten ist jetzt sehr groß. Geben Sie den Pflanzen – zusätzlich zur Grunddüngung – ein- bis zweimal im Monat flüssigen Dünger, der rasch aufgenommen werden kann. Ausgezeichnet eignet sich dafür Brennnessel-Jauche, die durch Beinwellblätter und ein paar Hände voll organischem Dünger noch gehaltvoller wird. Die selbst angesetzte Jauche wird 1:10 mit abgestandenem Wasser verdünnt und dann mit der Gießkanne direkt an die Wurzeln gegossen. Schon nach wenigen Tagen können Sie an dunkelgrünen Blättern die

**Wohlschmeckende alte Sorten wie die Fleischtomate 'Ochsenherz' kann man aus Samen ziehen.**

gesunde Wirkung der »Kraftbrühe« ablesen. Zur regelmäßigen sommerlichen Tomatenpflege gehören natürlich auch das Hochbinden der Triebe und das Entgeizen. Dies bedeutet, dass alle Triebe, die aus den Blattachseln wachsen, sobald wie möglich herausgebrochen werden. Im Spätsommer, gegen Ende August bis Anfang September, entfernen Sie die letzten Blütentriebe, weil sich daraus keine reifen Früchte mehr entwickeln können; sie kosten nur unnötig Kraft.

Ein sonniger Standort, Kompost, Bodendecken, reichlich Wasser und organische Nahrung sind die wichtigste Grundlage für die gesunde Entwicklung der Tomatenpflanzen und ihrer prächtigen roten Früchte. Dafür lohnen sich alle Mühen, denn nirgends schmecken Tomaten so süß und würzig wie dort, wo sie sonnenwarm und voll ausgereift im eigenen Garten geerntet werden. Die letzten grünen Früchte können Sie vor dem ersten Frost ins Haus bringen und dort nachreifen lassen.

**Gelbe Cocktailtomaten eignen sich besonders gut für den frischen Genuss.**

## Tomatensorten, die Sie im Fachhandel erwerben können

| | |
|---|---|
| 'Marmande' | bewährte großfrüchtige Fleischtomate mit würzigem Geschmack |
| 'Harzfeuer' | runde aromatische Früchte, beliebte Sorte aus Ostdeutschland |
| 'Roma' | eiförmige Früchte, typisch italienisch |
| 'Balkonstar' | kompakter Wuchs, mittelgroße runde Früchte, wächst gut in Töpfen auf dem Balkon |
| 'Goldene Königin' | traditionsreiche gelbe Fleischtomate |
| 'Yellow Pearshaped' | kleine birnenförmige Früchte, Obsttomate |
| 'San Marzano' | eiförmige Früchte |
| 'Hoffmanns Rentita' | reichtragend, Geiztriebe dürfen wachsen |
| 'Minibel' | niedrige Kirschtomate für Kübelkultur |
| 'Sweet 100' und 'Sweet Million' | in langen Trauben reifende süße rote Kirschtomaten |

## Alte Sorten

| | |
|---|---|
| 'Ochsenherz' | schwere, rote Fleischtomate |
| 'Tigerella' | anfangs grün, später gelb-rot gestreifte runde Früchte |
| 'Schwarze Pflaume' | ovale aromatische Früchte in dunklem, fast schwärzlichem Rot |
| 'Pfirsichtomate' | runde rote Früchte mit matter »Pfirsichhaut« |
| 'Berner Rosen' | delikate runde Früchte von rosenroter Farbe |
| 'Noire de Russe', 'Schwarze Krim' | große wohlschmeckende Früchte, die sich dunkelrot bis schwarz färben |

# Kartoffeln auf kleinstem Raum

Die Kartoffelzucht wurde von den Indianern im Reich der Inka erfunden. Als Kuriosität wurde die Kartoffel 1565 aus der neuen Welt ins alte Europa geschickt. Es dauerte eine Weile, bis man hier begriff, dass nicht die oberirdischen Beeren, sondern die Knollen im Boden essbar sind – die Erdäpfel. Wenig später wurden die Kartoffeln, die noch im steinigsten Boden wachsen, zum Armeleute-Essen.

Heute hat die Kartoffel den Geruch des Gewöhnlichen wieder abgestreift. Wenn sie naturgemäß angebaut und richtig zubereitet werden, können die braunen Erdäpfel eine Delikatesse für den Feinschmecker sein.

## Vorsprung durch Vorkeimen

Sie brauchen keinen großen Kartoffelacker anzulegen um auszuprobieren, welchen Wohlgeschmack die selbst geernteten Knollen besitzen. In einem kleinen Garten lohnt es sich schon, wenn Sie zwei Reihen Kartoffeln für die eigene Ernte pflanzen.

Besonders empfehlenswert ist der Anbau von Frühkartoffeln. Sie werden geerntet, wenn die Kartoffeln im Handel besonders teuer sind. Sie schmecken delikat, und man kann das Beet noch durch eine Nachfrucht nützen. Frühkartoffeln sollten möglichst vorgekeimt werden, weil man damit die Reifezeit um acht Tage vorverlegen kann. Stellen Sie die Kartoffeln auf den Nabel, sodass das Kronenende mit den meisten Augen nach oben zeigt. Am besten sortieren Sie die Früchte in eine Kiste und stellen sie

dann warm und hell auf den Küchenschrank oder einen ähnlich geeigneten Ort.

## So pflanzen Sie Kartoffeln

Als Pflanzzeit kann man keine Kalendertermine nennen. Als Faustregel kann sich jeder Kartoffelgärtner einfach merken, dass die Bodentemperatur mindestens 7 °C betragen muss, wenn die ersten Frühkartoffeln in die Erde kommen. Ungeduldige Gärtner gefährden die Früchte ihrer Mühen eher, als dass sie frühere Ernten erzielen. Kartoffeln, die in einen genügend erwärmten Boden gelegt werden, noch dazu bei günstigem Wachstumswetter, gedeihen viel schneller und gesünder als solche, die zum frühesten Termin ausgelegt wurden und dann Kälterückschläge erleiden.

Saatkartoffeln – möglichst aus Bio-Anbau – werden in tiefe Furchen mit breitem Abstand gelegt.

Kartoffeln brauchen Platz für eine gesunde Entwicklung, deshalb sollten die Reihen mindestens 40–50 cm auseinander liegen. Auf einem normalen 1,20 m breiten Beet haben also zwei Reihen Platz. Ziehen Sie etwa 5 cm tiefe Furchen, in die die Saatkartoffeln mit 30–50 cm Abstand gelegt werden. Eine gute Saatkartoffel sollte ein Gewicht von 50–60 g haben. Das ist deshalb so wichtig, weil die Knolle mit ihrem Wasser- und Nährstoffreservoir der Kartoffelpflanze über trockene und kärgliche Zeiten hinweghilft. Eine kräftige Mutter-Kartoffel gibt also auch die Gewähr für viele dicke und gesunde Kartoffel-Kinder. Für einen guten Start sorgen Sie auch, wenn Sie die Furchen mit reifem Kompost auspolstern und als Vorratsdünger Hornspäne hineinstreuen. Dann werden die Reihen vorsichtig mit dem Rechen zugezogen. Achten Sie darauf, dass die Keime dabei nicht abbrechen!

Abwechslungsreiche alte Kartoffelsorten können Sie in verschiedenen Farben und Formen bekommen.

Wer eine reiche Ernte haben möchte, der sollte sich als Voraussetzung dafür das beste Saatgut besorgen, das er bekommen kann. Knollen aus biologischem Anbau sind natürlich der Idealfall; auch Saatgut aus eigener Ernte ist empfehlenswert. Allerdings sollten Sie nach 2–3 Jahren wieder für »frisches Blut« sorgen und zwischendurch Sorten aus fremdem Anbau einschalten. Der April ist für alle Kartoffelsorten der beste Aussaatmonat. Nur in klimatisch sehr günstigen Gebieten kann man Frühkartoffeln schon Ende März, legen. Bis Anfang Mai sollten auch die mittelfrühen und die späten Sorten im Boden sein. In rauen Landschaften, wo der Boden lange kalt und nass bleibt, kann das Kartoffelsaatgut aber noch bis Ende Mai gelegt werden. Sobald es warm wird, holt die Natur das Zeitdefizit wieder auf!

## Platz für freundliche Nachbarn

Der breite Zwischenraum zwischen den Kartoffelreihen bietet noch genügend Platz für Mischkulturen, die den Boden feucht, schattig und unkrautfrei halten. Geeignete Partner für Kartoffeln sind Spinat und Melde. Eine Zwischensaat von Kümmel oder Kamille verbessert das Aroma der Erdäpfel. Kapuzinerkresse fördert die Knollenbildung.

# Krankheiten vorbeugen

Wichtig sind vorbeugende Maßnahmen, wenn Sie Ihre Kartoffeln vor Krankheiten schützen wollen.

- Nur einwandfreies Saatgut kaufen.
- Alle Knollen mit faulen Stellen oder schwarzen Punkten radikal aussortieren.

- Durch gut gelockerten, humusreichen Boden für gesundes Wachstum sorgen.
- Sobald die ersten Blätter entwickelt sind, alle 2–3 Wochen mit Schachtelhalm-Brühe spritzen, um der Krautfäule vorzubeugen.
- Kartoffelkäfer oder ihre Larven sammeln.

## Düngen – Hacken – Ernten

Kartoffeln wollen einen lockeren, krümeligen, gut durchlüfteten und humusreichen Boden haben. Die ideale Nahrungsgrundlage für Kartoffeln ist Kompost. Organische Dünger wie zum Beispiel verrotteter Mist, Hornspäne oder Rizinusschrot sind dazu eine gute Ergänzung. Das Anhäufeln der Kartoffeln dient vor allem dem Lockern des Bodens. Es ist nicht unbedingt erforderlich. Die Früchte gedeihen auch gut in flachen Reihen, vor allem dann, wenn Sie mit Mulchmaterial oder Mischkulturen die Erde zwischen den Reihen zudecken.

Wer aber seine Kartoffeln nach alter Sitte ordentlich anhäufeln möchte mit der Hacke, der achte sehr darauf, dass die heranwachsenden Knöllchen nicht verletzt werden. Die gleiche Gefahr besteht natürlich später auch beim Ernten der Knollen. Heben Sie die Stauden vorsichtig mit einer Grabgabel hoch und halten Sie beim Einstechen reichlich Abstand vom Zentrum der Pflanze. Mit einfachen Worten: Ernten Sie Kartoffeln mit Gefühl, und stechen Sie nicht mitten ins »Nest«. Erntereif sind die Kartoffeln, wenn sie eine feste Schale haben. Solange Sie die Pelle noch abreiben können, ist die Reife noch nicht ganz erreicht. Bei den späteren Sorten ist auch das Abwelken des Kartoffellaubes ein Zeichen für das Reifwerden.

## Bewährte Sorten

| Sorte | Beschreibung |
|---|---|
| 'Sieglinde' | Frühkartoffel, seit langem beliebt im Hausgarten, langoval, gelbe Schale und gelbes Fleisch, festkochend |
| 'Cilena' | mittelfrüh, langoval, gelbes Fleisch, festkochend |
| 'Linda' | mittelfrüh, oval, sehr guter Geschmack, festkochend |
| 'Bamberger Hörnchen' | lange, fingerförmige Knollen, mittelfrüh, gelbes Fleisch, sehr wohlschmeckend, festkochend |
| 'Rosella' | mittelfrüh bis spät, oval, rote Schale, hellgelbes Fleisch, vorwiegend festkochend |
| 'Desiree' | spät, rundlich-dick, hellrote Schale, gelbes Fleisch, mehlig kochend |
| 'Vitelotte noir' | ovale Knollen, späte Ernte, dunkelblaue Schale, Fruchtfleisch violett marmoriert, festkochend |

Nachdem Sie die Knollen ausgegraben haben, sollen sie nur kurz an der Luft abtrocknen. Danach müssen sie rasch dunkel gelagert werden. Im Licht bekommen die Kartoffeln grüne Flecken, die das giftige Solanin enthalten! Am besten halten sich Kartoffeln, falls Sie sie nicht frisch essen, in kühlen, etwas feuchten Kellern.

## Kartoffeln von früh bis spät

In jeder Landschaft gab es früher lokale Kartoffelsorten, die gut an das Klima und den Boden angepasst waren. Wenn Sie Saatgut von solchen alten Sorten bekommen können, dann sollten Sie es unbedingt ausprobieren. Ausgefallene alte Kartoffelsorten in den verschiedensten Farben und Formen bekommen Sie bei Spezial-Versendern.

# Der kleine Kräutergarten

Ein biologischer Garten wäre ohne Kräuter undenkbar. Sie gehören einfach dazu: zur Mischkultur, zur Pflanzenjauche und zur Schädlingsabwehr. Und natürlich gehören sie auch auf den Tisch des Biogärtners, der mit seiner Familie ein gesundes Leben führen möchte.

# Ein Gewürzgärtchen hat überall Platz

Duftende Kräuter sind unentbehrlich für eine gute, abwechslungsreiche Küche. Ein kleiner Zweig Estragon oder ein paar Blättchen Basilikum verwandeln ein einfaches Gericht in eine Feinschmecker-Delikatesse. Besonders reich an Wohlgeschmack sind alle Gewürzpflanzen, wenn sie frisch im eigenen Garten geschnitten und gleich verwendet werden. Kräutersträußchen, die stundenlang im Supermarkt liegen, verlieren unweigerlich einen großen Teil ihres feinen Aromas. Alle Küchenkräuter sind gleichzeitig auch Heilpflanzen. Ob Sie nun schlichte Petersilie über dampfende Kartoffeln streuen oder Kerbel als Frühlingssuppe zubereiten – immer versorgen Sie dabei Ihre Familie auch mit wertvollen Arzneistoffen. Gutes, würziges Essen beugt so auf angenehme Weise mancher Krankheit vor und wirkt sich wohltuend auf Verdauung, Kreislauf und Nerven aus.

## Wählen Sie den besten Standort aus

Für eine kleine Kräuter-Ecke ist in jedem Garten Platz. Versäumen Sie es nicht, diese wertvollen Pflanzen im Frühling mit einzuplanen. Sie benötigen nur wenig Pflege und fast keinen Dünger. Den Standort aber müssen Sie mit Sorgfalt auswählen. Die meisten unserer Gewürzpflanzen waren ursprünglich in den warmen Ländern rund um das Mittelmeer zu Hause. Sie brauchen reichlich Licht und Sonne, um ihre wertvollen Aromastoffe zu entwickeln. Suchen Sie deshalb unbedingt einen geschützten, sonnigen Platz für Ihr Kräutergärtchen. Hier fühlen sich die Südländer wohl: zum Beispiel Salbei, Thymian, Oregano, Lavendel, Rosmarin, Melisse und Majoran.

Einige Kräuter, die bei uns in Mitteleuropa heimisch sind, gedeihen auch im sehr lichten Schatten. Sie lieben feuchten, nahrhaften Humus. Dazu gehören Pfefferminze, Sauerampfer und Bärlauch.

## Dünger verdirbt das Aroma

Der Boden, auf dem Sie Ihre Kräuter säen und pflanzen, darf nicht zu üppig mit Nährstoffen versorgt werden. Frischer Mist und stickstoffreicher Dünger haben im Kräutergarten nichts zu suchen! Sie treiben die Gewürzpflanzen nur zu übermäßigem Blattwachstum an. Wertvolle Duft- und Heilstoffe bleiben dabei in der Entwicklung zurück.

Die beste Bodenvorbereitung besteht in regelmäßiger Versorgung mit reifem Kompost. Die Erde des Kräutergartens sollte stets locker und sehr gut wasserdurchlässig sein. Stauende Nässe vertragen die Gewürzpflanzen nicht! Den kräftigen Sauerampfer und den aromatischen Estragon dürfen Sie mit ein wenig Zusatznahrung versorgen. Verwenden Sie aber nur einen langsam wirkenden organischen Dünger, wie zum Beispiel Hornspäne.

# Kräuter-Vielfalt

## Ein- und zweijährige Kräuter für die Frühlingsaussaat

Sobald der Boden sich erwärmt hat, können Sie die ersten Kräuter aus Samentüten aussäen. Petersilie, Kerbel und Kresse sind nicht kälteempfindlich. Schon ab März werden, bei günstiger Witterung, die Samen in Reihen mit 15–20 cm Abstand gestreut.

Im April folgen dann Dill und Borretsch. Beide Kräuter brauchen viel Platz. Dill gedeiht sehr gut am Rand eines Gurkenbeetes. In der zweiten Aprilhälfte kann auch der Rucola-Samen in die Erde. Im Mai säen Sie schließlich die wärmebedürftigen Kräuter aus: Majoran, Bohnenkraut,

Basilikum und Kapuzinerkresse. Alle Aussaaten kennzeichnen Sie mit Namensschildern und halten sie bis zur Keimung gleichmäßig feucht. Zu dicht aufgelaufene Sämlinge reißen Sie später aus und verbrauchen sie gleich in der Küche.

## Staudenkräuter würzen viele Jahre

Ähnlich wie Pfingstrosen, Rittersporn und Margeriten bleiben auch die ausdauernden Staudenkräuter viele Jahre lang am gleichen Standort stehen. Sie bilden den Grundbestand eines Gewürzgartens. Wenn Sie diese Kräuter pflanzen, sollten Sie das Beet sehr gründlich vorbereiten; so ersparen Sie sich viel Arbeit für die kommenden Jahre. Dafür dürfen Sie dann lange Zeit ernten. Die ausdauernden Kräuter entwickeln sich immer üppiger, sie bereiten kaum Mühe, brauchen nur wenig Pflege und versorgen Ihren Haushalt mit aromatischer Würze und gesunden Teevorräten.

Wählen Sie einen sonnigen Standort und lockern Sie die Erde gründlich auf. Nasser, schwerer Boden ist für die meisten Kräuter nicht geeignet. Unkraut sollten Sie sehr sorgfältig entfernen. Damit ersparen Sie sich viel Ärger, denn wenn sich die Wurzeln der Stauden später mit Hahnenfuß, Winden oder Quecken verfilzen, dann wird es sehr mühsam, wieder Ordnung zu schaffen.

Versorgen Sie die ganze Fläche mit reifem, möglichst unkrautfreiem Kompost, der nur

Während draußen noch Schnee liegt, können Sie hier im Warmen bereits mit der Aussaat kälteempfindlicher Kräuter wie Basilikum oder Majoran beginnen.

oberflächlich mit einem Grubber in die Erde geharkt wird. Diese Humusschicht genügt als Wachstumsgrundlage für das erste Jahr. Vorgezogene Staudenkräuter können Sie in vielen Gärtnereien, auf dem Blumenmarkt oder in Gartencentern kaufen. Das Angebot und die Auswahl sind in den letzten Jahren erfreulich vielseitig geworden. Ein Grundsortiment für den Anfang werden Sie meist in Ihrer Nähe finden. Wo dies schwierig ist, können Sie ausdauernde Gewürz- und Heilpflanzen auch bei guten Staudengärtnereien oder bei Kräuter-Spezialfirmen bestellen. Adressen finden Sie im Anhang. Wählen Sie für Ihr erstes Kräutergärtchen unter den folgenden langlebigen Arten: Bärlauch, Estragon, Lavendel, Zitronenmelisse, Oregano, Pfefferminze, Thymian, Salbei, Sauerampfer, Schnittlauch und Rosmarin.

Verteilen Sie die Pflanzen, die meist in kleinen Töpfen angezogen werden, zuerst einmal »oberflächlich« auf dem vorbereiteten Beet. Stellen Sie sich dabei vor, wie groß sie in 1–2 Jahren wachsen werden. Planen Sie dann so viel Abstand ein, dass auch die erwachsenen Kräuter noch genügend Luft und Licht bekommen. Einige Beispiele können Ihnen dabei helfen: Zitronenmelisse wächst 50–80 cm hoch. Sie bildet breite Büsche, die in sich geschlossen bleiben. Estragon treibt im Sommer 60–150 cm hohe Stängel. Er breitet sich jedes Jahr auch seitlich aus, weil er unterirdische Ausläufer bildet. Bärlauch bildet mit der Zeit dichte Teppiche. Rosmarin sollten Sie nicht auspflanzen. Er bleibt im Topf und überwintert im Haus. Die Unterschiede in den Höhenangaben bei den einzelnen Pflanzen sind in den verschiedenartigen Wachstumsbedingungen begründet. Wenn Ihr Garten fruchtbaren Humus bereithält,

dann entwickeln sich alle Gewächse, auch die Kräuter, üppiger. Auf magerem Sandboden wachsen sie dagegen langsamer und bleiben zierlicher.

## Pflanzregeln

Unter durchschnittlichen Bedingungen sollten Sie für die meisten Staudenkräuter einen Pflanzabstand von 30 – 40 cm nach allen Seiten einplanen. Im ersten Jahr können Sie verbliebene Lücken mit niedrigen Sommerblumen wie zum Beispiel Tagetes oder duftendem Steinkraut schließen. Auch niedrige, einjährige Kräuter wie zum Beispiel Majoran eignen sich als Bodenteppich zwischen den Stauden. Dabei sollte immer genügend Abstand erhalten bleiben, sodass die jungen Pflanzen sich ungehindert entwickeln können.

**Der Schnittlauch ist ein unkompliziertes Kraut. Ab April werden die Pflanzen büschelweise auf das Kräuterbeet gesetzt.**

Wenn Sie die Kräuter mit ausreichendem Zwischenraum auf dem Beet verteilt haben, prüfen Sie noch einmal, ob auch die Höhenverhältnisse stimmen. Ähnlich wie in der Blumenrabatte sollten auch auf dem Kräuterbeet die hoch wachsenden Stauden im Hintergrund, die niedrigen im vorderen Bereich stehen. Genaue Maße können Sie bei der Beschreibung der einzelnen Kräuter ab Seite 89 nachlesen.

Wenn alle Kräuter harmonisch verteilt sind, können Sie mit dem Pflanzen beginnen. Graben Sie mit einer kleinen Handschaufel ein Loch und füllen Sie eine Handvoll Kompost in die Grube. Nun klopfen Sie mit der flachen Hand gegen den Boden des Topfes, damit der Wurzelballen sich löst. Vorsichtig heben Sie die kleine Pflanze heraus und setzen sie ins Pflanzloch. Sie darf dabei nicht tiefer in die Erde versenkt werden als sie vorher im Topf stand. Schieben Sie nun von allen Seiten den lockeren Humus in die kleine Grube, und drücken Sie zum Schluss die Staude behutsam mit den Händen fest. Dabei soll ringsum Kontakt mit der Gartenerde entstehen; keinesfalls darf der Boden »festgetrampelt« werden.

Wenn alle Kräuter eingepflanzt sind, gießen Sie sie vorsichtig mit abgestandenem Wasser an. Achten Sie darauf, dass die Erde nicht von den Wurzeln weggeschwemmt wird. Aus kleinen, leichten Kannen können Sie »gefühlvoller« gießen als aus schweren, großen Behältern! Beste Pflanzzeiten für die Staudenkräuter sind die Herbstmonate September und Oktober und der Frühling, von März bis Mai. Frostempfindliche Kräuter, wie zum Beispiel Thymian, sollten Sie vorsichtshalber an warmen Frühlingstagen auspflanzen. Für die Staudenkräuter müssen Sie nicht unbedingt ein ganzes Beet im Nutzgarten opfern. Diese duftenden Pflanzen sehen so hübsch aus, dass Sie daraus eine zierende Rabatte am Rand des Gemüsegartens zusammenstellen können. Auch zwischen blühenden Stauden oder im sonnigen Steingarten lassen sich Gruppen ausdauernder Kräuter einordnen. An solche Standorte passen zum Beispiel Salbei, Oregano, Lavendel und Thymian.

## Mobiler Kräutergarten

Wenn Sie im Garten nur wenig Platz haben oder keinen günstigen Standort finden, dann können Sie einige Kräuter auch in Schalen, Blumenkästen und Kübeln ziehen. Vor einer sonnigen Hauswand – vielleicht direkt neben der Küche – gedeihen Gewürzpflanzen ausgezeichnet. Sie wachsen auch bereitwillig auf einer warmen Terrasse oder auf dem Balkon. In Blumenkästen mit guter Erde können Sie zum Beispiel Kerbel, Rucola, Basilikum, Borretsch, Dill, Petersilie und Bohnenkraut aussäen. Mit genügend Abstand gedeihen in solchen Gefäßen auch Salbei, Estragon, Sauerampfer, Thymian, Melisse und Oregano. In großen Blumentöpfen fühlen sich Rosmarin und Lavendel wohl.

In den begrenzten Gefäßen eines mobilen Kräutergartens sind Nährstoffe und Feuchtigkeit schneller verbraucht als im Garten. Deshalb müssen Sie hier Ihre Kräuter regelmäßig gießen. Nahrung geben Sie am besten in Form von Hornspänen im Frühling in die Erde. Wenn Sie sich erst einmal einen Sommer lang an die würzig duftenden Kräuter gewöhnt haben, möchten Sie sie bestimmt nie wieder missen – weder im Garten noch in der Küche.

# Gemüse und Kräuter in gesunder Mischkultur

Einige Gewürzpflanzen gedeihen sehr gut in Gemeinschaft mit Gemüse. Solche Mischkulturen, die in den Bauerngärten Jahrhunderte lang üblich waren, bieten viele Vorteile:

- Die passende Würze ist rasch greifbar, wenn Sie Bohnen oder Gurken für das Mittagessen ernten.
- Manche Kräuter tragen zur Abwehr von Schädlingen auf den Gemüsebeeten bei; andere fördern Gesundheit und Aroma ihrer Nachbarn.
- Die gemischten Kulturen gedeihen nicht nur gut und harmonisch, sie sehen auch hübsch aus inmitten eines sonst eher nüchternen Nutzgartens.
- Schließlich sparen Sie auch Platz, wenn Sie keine Extrafläche für den Kräutergarten abgrenzen müssen.

## Passende Partner

Von April bis Mai ist die richtige Zeit, um die wichtigsten Gewürzpflanzen, Gemüse und Salate auszusäen oder zu pflanzen. Probieren Sie einmal die folgenden Kombinationen aus:

Das einjährige Bohnenkraut gedeiht gut in Mischkultur mit Buschbohnen. Auf einem solchen Beet haben Sie die passende Würze immer griffbereit.

Während der Dill im Sommer der Sonne entgegen wächst, schützen und bewahren die Gurkenranken die Feuchtigkeit im Boden.

**Salat, Radieschen und Kresse** werden in abwechselnden Reihen auf ein Beet gesät. Sie können dafür Schnittsalat, Pflücksalat oder Kopfsalat wählen. Im April lohnt es sich, noch Frühlingssalat, zum Beispiel 'Maikönig', als vorgezogene Pflanzen zu setzen. Ab Mai sollten Sie lieber Sommersalate säen, die nicht so schnell bei Hitze schießen. Statt Radieschen sind auch die zarten Rettiche der Sorte 'Ostergruß' empfehlenswert. Sie sind außen rosarot und innen weiß gefärbt. Alle drei Kulturen lassen sich gleichzeitig ernten und in der Küche verwenden. Die Kresse hat einen günstigen Einfluss auf das Aroma der Radieschen.

**Salat und gemischte Kräuter** bilden eine ideale Gemeinschaft für den Garten und die Küche. Säen Sie im Mai Sommersalat, Eissalat und Pflücksalat abwechselnd mit Kerbel, Rucola und Dill. Schnittlauch eignet sich als Randpflanze. Borretsch, der so gut zu frischem Salat

Die Kapuzinerkresse schützt die Tomatenpflanzen gegen unliebsame Blattläuse.

schmeckt, muss entweder sehr jung geerntet oder gestutzt werden. Die mächtigen Pflanzen überwuchern sonst alle Nachbarn. Petersilie wächst nicht gut neben Salat; Meiden Sie diese Nachbarschaft!

**Buschbohnen und Bohnenkraut** sind sehr gute Partner, die beide erst im Mai gesät werden, wenn die Erde warm und frostfrei ist. Auf diesem Beet haben Sie die passende Würze zum Bohnengemüse gleich zur Hand. Außerdem wehrt das Kraut die Schwarze Bohnenlaus ab. Die Bohnen tragen reich und gesund im Schutz des stark duftenden Krautes.

**Tomaten, Petersilie und Kapuzinerkresse** bilden zusammen eine bunte, gesunde Gemeinschaft, die sich gegenseitig im Wachstum fördert. Säen Sie im April an den Schmalseiten des Beetes Petersilie. In der Mitte des Beetes pflanzen Sie ab 20. Mai vorgezogene Tomaten mit reichlich Abstand. Dazwischen bleibt Platz für Kapuzinerkresse, die über Sommer unter anderem die Aufgabe eines Bodendeckers übernimmt und die Erde zu Füßen der stets durstigen Tomaten feucht hält. Blätter und Blüten der »mexikanischen Kresse« würzen den Tomatensalat.

**Gurken und Dill** sind ein ideales Paar. Das zarte Würzkraut verhält sich im Kräutergarten oft wie eine launische Primadonna. In der Nachbarschaft der Gurken gedeiht es dagegen in der Regel problemlos. Säen Sie Gurken erst ab Mitte Mai auf niedrige Hügel in der Mitte eines Beetes. An den Rändern bleibt Platz für das einjährige Kraut. Neben den Gurken bildet der Dill im Sommer eine meterhohe Einfassung. Gewürzblätter für den Salat und Blütendolden für süß-sauer eingelegte Früchte sind stets reichlich vorhanden.

# Ernten und Aufbewahren

Frische, duftende Kräuter für die Küche können Sie vom Frühling bis zum Herbst in Ihrem Garten pflücken. Ein paar zarte Blätter von Melisse, Borretsch und Estragon finden sich immer. Wollen Sie aber Vorräte anlegen und Kräuter für die Winterzeit konservieren, sollten Sie auf den günstigsten Erntezeitpunkt achten.

Alle Heil- und Würzpflanzen erreichen zu einer bestimmten Zeit im Jahr den höchsten Grad der Reife. Dann duften sie besonders stark. Intensive Würze und Wohlgeschmack sind auch ein Zeichen dafür, dass die Kräuter in ihren Blättern, Wurzeln oder Samenkörnern große Mengen wertvoller Inhaltsstoffe angesammelt haben. Wenn Sie diese Heil- und Aromasubstanzen für Ihre Küche und für Ihre Hausapotheke nutzen wollen, dann müssen Sie rechtzeitig zugreifen. Die ideale Erntezeit ist bei den einzelnen Kräutern verschieden. Bei vielen Gewürzen liegt sie kurz vor oder während der Blüte. Die folgende Übersicht können Sie im ersten Jahr als praktischen Erntekalender benutzen. Schauen Sie anfangs ruhig öfter nach, bis Sie den Wachstumsrhythmus der Kräuter »im Gefühl« haben.

## Schneiden und trocknen

Wählen Sie für die Kräuterernte einen sonnigen, trockenen Vormittag aus. Heiße Mittagsstunden und feuchte Abende sind für die Ernte gänzlich ungeeignet.

Schneiden Sie die Stängel mit einer scharfen Gartenschere oder einem Messer ab. Blätter

und weiche Triebspitzen können Sie auch behutsam mit den Fingern abknipsen. Verwenden Sie zum Konservieren nur einwandfreie, gesunde Pflanzenteile. Legen Sie diese locker in ein luftiges Weidenkörbchen und verarbeiten Sie sie rasch.

In der Küche schütteln Sie die Zweige einmal kräftig, damit versteckte kleine Tiere herausfallen. Kranke oder beschädigte Blätter entfernen Sie sorgsam. Am besten wäre es, wenn Sie die Kräuter nun gleich trocknen könnten. In Gegenden mit großer Luftverschmutzung müssen Sie sie aber leider noch einmal behutsam abwaschen. Anschließend schütteln Sie sie aus und trocknen sie vorsichtig mit Küchenpapier ab. Breiten Sie die Kräuter dann locker auf sauberen Küchentüchern im Schat-

**Reiche Ernte aus dem sommerlichen Kräutergarten: Tees und Gewürze für die Winterzeit sind gesichert.**

ten aus. Sie dürfen erst weiter verarbeitet werden, wenn sie nicht mehr feucht sind. Sonst besteht die Gefahr, dass sich Schimmelpilze darauf ansiedeln.

Binden Sie aus den trockenen oder abgetrockneten Kräutern lockere Sträuße. Die Stiele werden in einer Schlinge aus einfacher Kordel festgehalten. Dann hängen Sie die Kräuterbüschel an einen schattigen, luftigen Platz zum Trocknen auf. Der Prozess des Dörrens soll langsam, bei mäßiger Wärme ablaufen.

Sobald die Kräuter so trocken sind, dass sie rascheln und zwischen den Fingern zerbröseln, werden sie behutsam von den Stängeln abgestreift und in Schraubgläsern oder Teedosen aufbewahrt. Wichtig ist, dass Sie Ihre Kräuter fest und luftdicht verschließen; stellen Sie sie möglichst an einen dunklen, trockenen Platz. Dann bleiben Würze und Heilstoffe am besten erhalten. Mindestens ein Jahr lang können Sie Ihre selbst geernteten Kräuter als Küchenwürze oder Tee-Vorrat verwenden.

## Erntezeit der wichtigsten Kräuter

**Basilikum:** Die oberen Zweige mit weichen Blättern schneiden Sie, bevor die Blüten sich öffnen. Getrocknetes Basilikum verliert leider viel von seiner Würzkraft.

**Bohnenkraut, einjähriges:** Kurz vor und während der Blüte büschelweise schneiden; das Kraut bleibt auch getrocknet sehr würzig.

**Borretsch:** Schmeckt nur frisch. Ernten Sie laufend weiche, junge Blätter. Ältere Pflanzen werden rau und ungenießbar.

**Dill:** Die zarten grünen Blätter schmecken am besten frisch. Sie können sie auch einfrieren. Dillblüten werden frisch zum Einmachen verwendet. Dillsamenstände schneiden Sie, wenn sie braun und trocken werden.

**Estragon:** Wenn sich die ersten Blütenknospen zeigen, hat der Estragon die größte Würzkraft. Schneiden Sie ganze Zweige mit möglichst zarten Blättern ab.

**Kerbel:** Wird stets frisch verwendet. Das Kraut eignet sich nicht zum Konservieren.

**Majoran:** Kurz bevor die kugeligen Blüten sich öffnen, schneiden Sie das Kraut ab. Setzen Sie die Schere aber nicht zu tief an; dann wächst noch eine zweite Ernte nach.

**Melisse:** Kurz vor der Blüte enthält das Kraut besonders viele ätherische Öle. Schneiden Sie dann den oberen Teil der Zweige, die noch weiche, grüne Blätter besitzen.

**Oregano:** Von diesem Kraut schneiden Sie während der Blüte ganze Stängel ab.

Pfefferminze: Vor der Blüte werden die Stängel geschnitten und getrocknet.

**Salbei:** Kurz vor der Blüte schneiden Sie einige Triebspitzen mit jungen, zarten Blättern zum Trocknen. Diese bleiben lange würzig.

**Schnittlauch:** Wird nur frisch verwendet. Am besten schmecken die Halme im Frühling.

**Thymian:** Kurz vor der Blüte schneiden Sie einige Zweige zum Trocknen. Das kräftige Aroma hält sich lange Zeit.

# Kräuter für den kleinen Garten

## Ein- und zweijährige Kräuter

Kurzlebige Kräuter werden jedes Jahr neu ausgesät. Man kann sie natürlich auch vorgezogen beim Gärtner kaufen.

## Basilikum
### (Ocimum basilicum)

**Anbau:** Das Basilikum kam aus warmen Ländern zu uns. Je nach Sorte wird es 15–16 cm hoch. Säen Sie das Kraut im warmen Haus ab März bis April aus. Es lohnt sich, verschiedene Sorten aus dem reichen Angebot auszuprobieren. Ab Mitte Mai kann das Basilikum in den Garten umziehen. Am besten gedeiht es in großen Töpfen.
**Wichtig:** Wählen Sie einen sonnigen, geschützten Platz und gießen Sie stets reichlich. Junge Pflanzen müssen vor Schnecken geschützt werden.
**Ernte und Verwendung:** Frische Blätter können Sie jederzeit pflücken. Das warme, süß-würzige Aroma des Basilikums passt zu südländischen Gemüsegerichten und zu Salaten, vor allem zu Tomaten. Basilikum-Tee wirkt krampflösend auf Magen und Nerven.

## Bohnenkraut
### (Satureja hortensis)

**Anbau:** Das einjährige Bohnenkraut liebt die Wärme. Es wird 40–50 cm hoch. Ab Mai

können Sie es im Garten aussäen. Die feinen Samen werden nur ganz dünn mit Erde bedeckt. Zwischen den einzelnen Reihen lassen Sie 20–25 cm Platz. Zu dicht stehende Pflanzen müssen ausgelichtet werden.
**Wichtig:** Anfangs müssen Sie die Aussaat gleichmäßig feucht halten. Später verträgt das Kraut auch Trockenheit. Günstig ist die Mischkultur mit Bohnen.
**Ernte und Verwendung:** Bis zum Herbst können Sie frische Zweige pflücken. Während der Blüte wird das Kraut zum Trocknen geschnitten. Bohnenkraut behält seine starke aromatische Würzkraft. Verwenden Sie es zu frischen grünen Bohnen oder zu rustikalen Eintöpfen. Bohnenkraut-Tee wirkt appetitanregend und magenberuhigend.

**Die Blüten des Borretsch schmücken den Garten und dienen den Bienen als Nahrung.**

## Borretsch
### (Borago officinalis)

**Anbau:** Der starkwüchsige Borretsch mit seinen rauhaarigen Blättern und den blauen Blüten-sternen stellt keine großen Ansprüche. Am liebsten wächst er auf feuchten, nahrhaften und durchlässigen Böden. Das Kraut wird 50–80 cm hoch und bildet kräftige Büsche. Ab April streuen Sie die Samen breitwürfig auf ein Beet. Lassen Sie nur wenige Pflanzen mit 40–50 cm Abstand stehen.

**Wichtig:** Borretsch liebt feuchten humusreichen Boden. Er verträgt leichten Schatten. Die Blüten sind eine Bienenweide!

**Ernte und Verwendung:** Nehmen Sie nur zarte junge Blätter. Die frisch-säuerliche Würze des Borretsch passt gut zu Salaten und Kräuter-quark. Auch die Blüten sind essbar. Trocknen ist nicht möglich. Borretsch wirkt herzstärkend.

**Das prachtvolle Blütenmeer des Dills lockt zahlreiche Insekten in Ihren Kräutergarten.**

## Dill
### (Anethum graveolens var.hortorum)

**Anbau:** Dill kam aus den warmen Mittelmeer-ländern zu uns. Von April bis Mai kann er im Garten ausgesät werden. Die Reihen benötigen 25–30 cm Abstand. Erwachsene Pflanzen kön-nen bis zu 1,50 m hoch werden.

**Wichtig:** Dill liebt feuchten Boden für seine langen Pfahlwurzeln, aber viel Sonne, um Blätter und Blüten zu entfalten. Die Mischkultur mit Gurken wirkt sich günstig aus.

**Ernte und Verwendung:** Die aromatischen Dill-blätter können Sie den ganzen Sommer frisch pflücken. Sie lassen sich auch einfrieren. Dill passt zu Salaten, Gurken, Quark und Fisch. Die großen Blütenstände werden beim Einlegen von Gurken verwendet. Aus Dillsamen können Sie Tee aufbrühen, der Blähungen lindert.

## Kerbel
### (Anthriscus cerefolium)

**Anbau:** Kerbelsamen kann schon ab Ende März im Garten an einem halbschattigen Platz ausgestreut werden. Die Reihen benötigen 10 cm Abstand. Halten Sie die Saat gleichmä-ßig feucht. Der anspruchslose Kerbel wächst schnell 30–60 cm hoch und kann schon nach 6–8 Wochen geerntet werden.

**Wichtig:** Wenn Sie öfter eine Reihe nachsäen, können Sie die Erntezeit verlängern. **Ernte und Verwendung:** Die weichen, gefiederten Blätter des Kerbels werden vor der Blüte frisch geern-tet. Sie schmecken würzig-süßlich und passen zu Salaten ebenso wie zu Suppen und Kräuter-omelettes. Keine Konservierung.

## Majoran
### (Origanum majorana)

**Anbau:** Ab Mai, wenn der Boden sich erwärmt hat, können Sie die feinen Majoransamen im Kräutergarten aussäen. Die Reihen benötigen 20–25 cm Abstand. Bedecken Sie die Saat nur sehr dünn mit Erde.

**Wichtig:** Lassen Sie nur alle 15–20 cm eine Pflanze stehen, dann entwickelt sich der Majoran zu verzweigten 30–40 cm hohen Büschen.

**Ernte und Verwendung:** Die grau-grünen Blättchen duften stark und aromatisch. Sie können sie bis zum Herbst jederzeit frisch ernten. Zum Trocknen schneiden Sie Majoran, solange die rundlichen Blütenknospen noch geschlossen sind. Das Aroma hält sich sehr lange. Die nur dem Majoran eigene Würze der Blätter passt zu Kartoffeln, Eintöpfen und gedünsteten Tomaten. Majoran-Tee wirkt krampflösend.

**Die warme Würze des Majorans ist mit keinem Kraut zu vergleichen. Probieren Sie ihn aus!**

## Petersilie
### (Petroselinum crispum)

**Anbau:** Petersilie ist ein zweijähriges Kraut. Im ersten Jahr bildet sich eine 20–30 cm hohe Rosette aus krausen Blättern; im zweiten Jahr blüht das Kraut. Petersilie ist nicht kälteempfindlich. Säen Sie die Samen von März bis April oder im August mit 15 cm Reihenabstand aus. Das Kraut liebt feuchten Humus.

**Wichtig:** Petersilie ist mit sich selbst unverträglich – wechseln Sie jedes Jahr den Standort!

**Ernte und Verwendung:** Petersilienblätter können Sie jederzeit – auch im Winter – pflücken, sobald die Pflanzen groß genug sind. Petersilie können Sie auch einfrieren. Das Kraut passt zu Kartoffeln, Suppen und Soßen.

## Rauke oder Rucola
### (Eruca sativa)

**Anbau:** Die runden Samen können ab April ausgesät werden. Sie keimen rasch wie Radieschen. Rauke eignet sich gut als Randpflanzung. Die Reihen benötigen 15–20 cm Abstand. Sie können Raukesamen auch breitwürfig auf einem kleinen Beet ausstreuen. Das Kraut gedeiht ebenso problemlos in Kästen und Töpfen.

**Wichtig:** Rucola wächst schnell 20–40 cm hoch. Säen Sie öfter eine Reihe nach, weil junge Blätter am besten schmecken; ältere werden scharf und hart.

**Ernte und Verwendung:** Pflücken Sie ständig frische Blätter; auch die zarten elfenbeinfarbigen Blüten sind essbar. Rauke passt zu Salaten, Tomaten und italienischen Vorspeisen. Vorzüglich ist die Konservierung als Pesto.

# Mehrjährige Kräuter

Ausdauernde Gewürze bleiben mehrere Jahre an ihrem Platz. Man kann sie durch Teilen oder Stecklinge vermehren.

## Bärlauch
### *(Allium ursinum)*

**Anbau:** Am besten besorgen Sie sich junge Pflanzen, die von März bis April mit 10–20 cm Abstand gesetzt werden können. Im Herbst können Sie auch die kleinen Bärlauchzwiebeln in die Erde stecken. Das Kraut treibt eine Fülle schmaler Blätter. Die dichten, bodendeckende Horste erreichen 20–30 cm Höhe. Im Mai erscheinen weiße Blüten.
**Wichtig:** Geben Sie ihm im Garten einen halbschattigen Platz unter Sträuchern. Die Erde sollte feucht und humusreich sein.

**Ernte und Verwendung:** Frische Bärlauchblätter werden im Frühling geerntet, bevor die Blüten erscheinen. Die beliebte feine Knoblauchwürze passt zu Salaten, Quark, Suppen und Vorspeisen. Bärlauch-Pesto ist die delikateste Form der Konservierung.

## Estragon
### *(Artemisia dracunculus)*

**Anbau: Russischen Estragon** können Sie ab April ins Freiland säen. Den aromatischeren **Französischen Estragon** müssen Sie als Jungpflanze kaufen; er wird nur vegetativ vermehrt. Setzen Sie die kleinen Stauden mit 40 × 40 cm Abstand, sie erreichen später 60–150 cm.
**Wichtig:** Estragon liebt feuchten, humosen Boden. Im Frühling wird er zurückgeschnitten.
**Ernte und Verwendung:** Kleine Zweige mit zarten Blättern können Sie den ganzen Sommer

Bärlauch, das nach Knoblauch duftende Trend-Kraut, ist mit einem Schattenplatz zufrieden.

Der Französische Estragon gilt als unentbehrliche Feinschmecker-Würze im Kräutergarten.

ernten. Zum Trocknen schneiden Sie die gerade aufblühenden oberen Triebspitzen. Das delikate Aroma passt zu Salaten, Soßen, Geflügel und Fisch. Estragon wirkt appetitanregend.

## Lavendel
### (Lavandula angustifolia)

**Anbau:** Ab März können Sie Lavendel auf der Fensterbank oder im Gewächshaus aussäen. Einfacher ist es, wenn Sie vorgezogene Pflanzen ab Mai mit 40–50 cm Abstand in den Garten setzen. Lavendel bildet duftende Sträucher mit grauen schmalen Blättern und meist blauen Blütenähren. Er erreicht 30–60 cm Höhe.
**Wichtig:** Lavendel stammt aus dem Mittelmeerraum. Er liebt einen sonnigen Standort und durchlässigen eher trockenen Boden.
**Ernte und Verwendung:** Zum Würzen können Sie die Blätter jederzeit verwenden. Schneiden

Lavendel hüllt den Garten mit violetten, manchmal weißen Blütenähren in eine Duftwolke.

Sie die Blüten mit den Stängeln zum Trocknen. Die Sträußchen erfüllen den Schrank mit ihrem frischen Duft und vertreiben Motten. Lavendelblätter passen als Würze zu Fisch und Geflügel. Lavendel-Tee wirkt entspannend.

## Melisse oder Zitronenmelisse
### (Melissa officinalis)

**Anbau:** Die unempfindliche Melisse können Sie ab April im Freiland aussäen. Im Mai werden die Jungpflanzen mit 40–50 cm Abstand auf ein sonniges Kräuterbeet versetzt. Zitronenmelisse bildet kräftige Büsche, die 50–80 cm Höhe erreichen.
**Wichtig:** Das blattreiche Kraut liebt nahrhaften, feuchten Humus. Versorgen Sie die Melisse regelmäßig mit Kompost.
**Ernte und Verwendung:** Frische Blätter können Sie vom Sommer bis zum Herbst pflücken. Zum Trocknen verwenden Sie die oberen Triebspitzen, bevor die Pflanzen blühen. Das frische Zitronenaroma der Melisse passt zu Salaten, Tomaten, Kräutersoßen und Quark. Melissen-Tee beruhigt die Nerven.

## Oregano
### (Origanum vulgare)

**Anbau:** Sie können Oregano ab April selber im Garten aussäen. Vorgezogene Pflanzen werden von April bis Mai mit 20–30 cm Abstand aufs Beet versetzt. Sie bilden üppige Büsche, die 30–50 cm Höhe erreichen.
**Wichtig:** Geben Sie dem Oregano einen sonnigen Platz mit durchlässigem Boden.

**Ernte und Verwendung:** Für die Küche können Sie die kräftig-würzigen Blätter vom Frühling bis zum Herbst verwenden. Zum Trocknen schneiden Sie das ganze blühende Kraut. Es behält lange seine Würzkraft. Oregano passt zu südländischen Gerichten.

## Pfefferminze
*(Mentha × piperita)*

**Anbau:** Setzen Sie ab April Wurzelausläufer oder vorgezogene Pflanzen in den Kräutergarten. Je nach Art und Sorte erreichen Minzen 40–80 cm Höhe. Sie lieben einen feuchten, humusreichen Boden und einen Platz im lichten Schatten oder in der Sonne.
**Wichtig:** Pfefferminzen wuchern! Wählen Sie deshalb einen Standort, an dem sie sich ausbreiten können. Es gibt eine Fülle verschiedener Arten und Sorten mit den wunderbarsten Aro-

Vom Küchensalbei gibt es auch buntblättrige Sorten. Hier wächst er mit blühendem Thymian.

men von Orangen- bis Schokominze. Bezugsquellen finden Sie im Anhang.
**Ernte und Verwendung:** Frische Minzenblätter können Sie den ganzen Sommer ernten. Zum Trocknen müssen Sie das Kraut vor der Blüte schneiden. In der Küche passt das Minzenaroma zu Lamm und Desserts. Pfefferminztee wärmt und beruhigt den Magen.

## Rosmarin
*(Rosmarinus officinalis)*

**Anbau:** Rosmarin können Sie an einem warmen Platz im Haus aussäen. Einfacher ist es, vorgezogene Pflanzen zu kaufen, die ab Mitte Mai in den Garten umziehen dürfen. Der verholzende Strauch mit den nadelförmigen Blättern erreicht 50–120 cm Höhe.
**Wichtig:** Rosmarin ist bei uns nicht winterhart. Halten Sie ihn in Töpfen, ältere große Pflanzen in Kübeln, die im Herbst ins Haus geholt werden. Sie brauchen dann bis zum Frühling einen kühlen, hellen Platz.
**Ernte und Verwendung:** Die kräftige Würze der immergrünen Rosmarinblätter steht jederzeit zur Verfügung. Sie passt zu Fleisch, Tomaten und vielen italienischen Gerichten. Rosmarin-Tee regt den Kreislauf an.

## Salbei
*(Salvia officinalis)*

**Anbau:** Ab März können Sie Salbei im Warmen aussäen. Vorgezogene Jungpflanzen werden von April bis Mai mit 30–40 cm Abstand in den Garten gesetzt. Die verholzenden kleinen

Sträucher erreichen mit der Zeit 30–70 cm Höhe. Die silbergrauen Blätter und die lila-blauen Blüten sind eine Zierde des Kräuter-gartens. Es gibt auch wunderschöne buntblätt-rige Sorten.

**Wichtig:** Salbei braucht viel Sonne und durch-lässige Erde mit Kalkgehalt. Halten Sie ihn eher mager.

**Ernte und Verwendung:** Die aromatischen Blätter können Sie vom Frühling bis zum Herbst pflücken. Zum Trocknen schneiden Sie die obersten frischen Triebspitzen vor der Blüte. Die herbwürzigen Salbeiblätter passen zu Fleischgerichten, Eintöpfen und italienischen Gemüsemischungen. Salbei-Tee lindert Hals-schmerzen.

## Schnittlauch
### (Allium schoenoprasum)

**Anbau:** Der in unseren Breiten heimische Schnittlauch wird einfach im April in einer Reihe im Garten ausgesät. Sobald die würzigen Halme etwas größer und stabiler geworden sind, ver-pflanzen Sie sie büschelweise mit 20 cm Ab-stand. Schnittlauch wächst 20–30 cm hoch. Er gedeiht ebenso gut im lichten Schatten wie in der Sonne. Sehr hübsch wirkt er als Einfassung.

**Wichtig:** Schnittlauch liebt feuchten Humus. Geben Sie ihm Kompost und eine kleine Por-tion Hornspäne.

**Ernte und Verwendung:** Am besten schme-cken die saftigen Schlotten im Frühling. Schnitt-lauch wächst ständig nach. Sie können des-halb bis zum Herbst ernten. Auch die Blüten sind essbar! Die zwiebelartige Würze passt zu Salaten, Soßen, Suppen und Quark.

## Thymian
### (Thymus vulgaris)

**Anbau:** Sie können den Thymian an einem warmen Platz im Haus selber aussäen. Vorgezo-gene Pflanzen werden von April bis Mai an Ort und Stelle mit 20 cm Abstand in den Garten gesetzt. Die niedrigen verholzenden Sträuchlein erreichen 10–20 cm Höhe. Ihre hell-lilafarbigen Blüten sind bei Bienen sehr beliebt.

**Wichtig:** Thymian stammt aus dem Mittelmeer-raum. Er braucht volle Sonne und einen trocke-nen Standort. Das Kraut eignet sich gut als Randpflanzung oder für Steingärten.

**Ernte und Verwendung:** Zweige mit den klei-nen stark duftenden Blättern können Sie jeder-zeit pflücken. Zum Trocknen wird das Kraut vor der Blüte geschnitten. Die kräftig herbe Thymi-anwürze passt zu Fleisch, rustikalen Eintöpfen und südländischen Gerichten. Thymian-Tee hilft bei Husten und Erkältungen.

**Zur Blütezeit lockt der Thymian Bienen und Schmetterlinge in Ihren Kräutergarten.**

# Der kleine Obstgarten

Hochstämmige alte Obstbäume bleiben für die meisten Gärtner wegen deren großen Platzbedarfs ein unerfüllter »Traum vom Lande«. Dennoch brauchen Sie auf »süße Früchte« nicht verzichten. Beerenobst oder schwach wachsende Obst-Zuchtformen lassen sich gut in jeden Garten eingliedern. Und auch die bringen reiche Ernte!

# Erdbeeren – die süßen Roten aus dem Wald

Für die leuchtend roten Früchte der Erdbeeren findet sich in jedem Garten noch ein Platz. Frisch geerntet sind sie ein Hochgenuss. Nirgends können Sie Erdbeeren kaufen, die so würzig-süß schmecken, wie die selbst gezogenen Früchte, die erst gepflückt werden, wenn sie ganz reif und aromatisch sind.

Es gibt inzwischen eine Fülle guter Erdbeerzüchtungen, sodass Sie die Auswahl ganz nach Ihrem persönlichen Geschmack und nach dem vorhandenen Platz treffen können. In sehr kleinen Hausgärten entscheiden Sie sich am besten für die **Monatserdbeeren.** Diese Pflanzen bilden rundliche Büsche ohne Ausläufer und tragen kleine, sehr aromatische Früchte von Juni bis zum Frost. Sie eignen sich als Wegeinfassung oder Beetumrandung.

Für einen Nutzgarten mit wenigen Beeten bieten die **öftertragenden Erdbeersorten** viele Vorteile. Sie bringen zwar keine Superernte, verwöhnen Sie dafür aber im Herbst noch mit frischen Beeren für einen köstlichen Nachtisch. Wenn Sie reichlich Platz zur Verfügung haben, dann sollten Sie frühe, mittelfrühe und späte Erdbeersorten pflanzen. Auf diese Weise verlängern Sie die Erntezeit um mehrere Wochen. Kaufen Sie für ein neues Beet gutes Züchtersaatgut. Später können Sie Ihre Bestände selbst vermehren.

Wenn Sie nun den Platz für ein Erdbeerbeet aussuchen, dann sollten Sie dabei die süßen kleinen **Walderdbeeren** vor Augen haben. Sie gehören zu den Vorfahren unserer Garten-beeren. Auf sonnigen Waldlichtungen bilden sie dichte Teppiche. Laub und Gräser bedecken dort den Boden. Unter dieser schützenden Decke bleibt die leicht saure, humusreiche Erde feucht und locker.

## Die Vorbereitung des Beetes

Übertragen Sie nun einfach die wichtigsten Elemente dieser Waldwiese auf Ihr Gartenbeet, und Sie werden sich schon im nächsten Jahr an gesunden, reich tragenden Erdbeerreihen erfreuen können. Das Beet soll sonnig und geschützt liegen. Es wird sorgfältig vom Unkraut befreit und durchgehackt. Frühkartoffeln oder

Je sorgfältiger das Erdbeerbeet vorbereitet ist, desto besser fällt die Ernte in den kommenden Jahren aus. Wichtig: ein sonniger Platz und genügend Abstand.

eine Gründüngung eignen sich hervorragend als Vorfrucht. Beide hinterlassen einen lockeren Boden. Kompost bildet die beste Grunddüngung. Leicht saurer Laubkompost wäre ideal. Möglichst schon 2–3 Wochen vor der Pflanzung sollten Sie auf dem vorbereiteten Beet einen organischen Dünger ausstreuen und leicht in die Erdoberfläche einharken. Dazu eignen sich zum Beispiel Hornmehl, Algendünger oder Tresterprodukte.

## Die Erdbeer-Pflanzung

Im August und September ist die günstigste Zeit zur Anlage eines neuen Erdbeerbeetes. Je früher Sie beginnen, desto besser und reich-

Die Ableger von reichtragenden Mutterpflanzen werden in kleine Töpfchen mit lockerer Erde geleitet. Dort bilden sie bald Wurzeln.

licher können die Pflanzen in den kommenden Wochen noch Wurzeln, Blätter und Blütenansätze für das kommende Jahr bilden. Auf einem 1,20 m breiten Beet haben zwei Erdbeerreihen Platz. Setzen Sie die Jungpflanzen mit 25–30 cm Abstand und füttern Sie das Pflanzloch mit reifem Kompost aus. Wenn Sie dann noch Ihre Erdbeeren mit verdünnter Brennnessel-Jauche angießen, haben Sie beste Vorsorge getroffen für gesundes Gedeihen. Ganz zum Schluss sollten Sie zwischen den Reihen noch eine schützende Mulchdecke auslegen – ähnlich wie im Wald. Leicht sauer reagierende organische Stoffe eignen sich dazu besonders gut: gemischtes Laub, Nadelstreu, Rindenabfälle, Hobelspäne oder klein geschnittene Zweigstücke. Sie können aber auch Stroh oder Grasschnitt verwenden. Unter dieser Abdeckung bleibt der Boden feucht und locker. Sie brauchen kaum zu gießen oder Unkraut zu hacken. So wachsen die flachen Erdbeerwurzeln ungestört und können sich kräftig entwickeln. Ein naturgemäß angelegtes, sorgfältig gepflegtes Erdbeerbeet trägt 3–4 Jahre reichlich Früchte. Danach sollten Sie ein neues Beet einplanen.

## Die Sommerpflege der Erdbeeren

Nach der Ernte brauchen Erdbeeren besonders sorgfältige Pflege, damit sie auch im nächsten Jahr wieder reich tragen. Sie können im August den größten Teil der Blätter abschneiden; achten Sie aber darauf, dass das Herz der Pflanzen nicht beschädigt wird. Auch die Ranken, die sich jetzt reichlich bilden, sollten Sie entfernen. Nur einige ausgewählte reich tragende Mutterpflan-

## Erdbeer-Sorten für den kleinen Garten

| | |
|---|---|
| 'Elvira' | wohlschmeckende frühe Sorte, geringe Grauschimmelgefahr |
| 'Senga Sengana' | bewährte mittelfrühe Sorte, reiche Ernte |
| 'Mieze Schindler' | alte spätreifende Sorte mit dunkelroten Früchten und unvergleichlichem Aroma; benötigt eine Befruchtersorte und wird deshalb meist im »Kombi-Paket« geliefert. |
| 'Ostara' | bewährte öftertragende Sorte, aromatisch-süß, Ernte bis in den Herbst |
| 'Florika Erdbeerwiese' | eine neue Kreuzung zwischen Walderdbeeren und Gartenerdbeeren, bildet dichte Teppiche; wunderbares Aroma; die Früchte reifen an hohen Stielen über dem Laub und sind deshalb wenig anfällig für Pilzerkrankungen und Schneckenfraß |

zen dürfen Ableger für die Vermehrung treiben. Im Spätsommer und Herbst bilden die Erdbeeren bereits die Blütenansätze für das kommende Jahr aus. Auch Blätter und Wurzeln wachsen noch kräftig. Deshalb werden jetzt ältere, bereits tragende Pflanzungen mit Kompost und einem organischen Dünger versorgt. Anschließend decken Sie die Erde wieder mit einer Mulchschicht zu.

## Erdbeeren selbst vermehren

Wenn Sie von einer vorhandenen, wohlschmeckenden Erdbeersorte ein neues Beet anlegen möchten, dürfen Sie für den eigenen, privaten Bedarf Ableger davon ziehen. Die »Kindel«,

die sich nach der Ernte an langen Ranken bilden, treiben rasch Wurzeln. Sehr kräftige Jungpflanzen bekommen Sie, wenn Sie die Ableger direkt in kleine Blumentöpfe mit guter Erde einsenken, die neben den Mutterpflanzen in den Boden eingegraben werden. Mit kleinen Klammern, die Sie aus einem Stückchen Draht leicht in Haarnadelform biegen können, drücken Sie die »Nabelschnur« fest in die Blumentopferde. So gewinnt die kleine Pflanze Halt. Schon nach 10–14 Tagen ist sie eingewurzelt. Dann schneiden Sie die Ranken ab. Die jungen Erdbeersetzlinge können nun jederzeit auf ein neues Beet gebracht und ausgepflanzt werden. Je kräftigere Wurzelballen sie vorher bilden, desto besser. Eine längere Anzuchtzeit ist also günstig.

Die Erdbeersorte 'Florika' entstand aus einer Kreuzung mit Waldbeeren. Ihre Früchte besitzen ein wunderbares würzig-süßes Aroma.

# Waldatmosphäre hält Himbeeren gesund

Süße rote Himbeeren können Sie auch im Wald pflücken! Unsere Gartensorten ähneln ihren »wilden« Vorfahren noch sehr. Die neuen Züchtungen besitzen aber größere Beeren und bieten den Vorteil einer längeren Erntezeit. In der freien Natur wachsen Himbeeren als Unterholz. Sie gedeihen am besten im lichten Schatten, wo sie vor Wind geschützt sind. Trotzdem erreicht sie dort noch genügend Sonne, sodass die Beeren ihr volles, süßes Aroma ent-

wickeln können. In leicht saurem, möglichst etwas lehmhaltigem Humus fühlen sich die Pflanzen besonders wohl.

## Pflanzen – Mulchen – Düngen

Von September bis Oktober und dann noch einmal im zeitigen Frühjahr können Sie eine neue Himbeerpflanzung anlegen. Untereinander benötigen die Jungpflanzen 40–60 cm Abstand, weil sie später Ausläufer treiben. Zwischen den Reihen müssen Sie, je nach Sorte, 1,20–1,60 m Zwischenraum einplanen. Pflanzen Sie relativ flach, und schneiden Sie die jungen Ruten im Frühling auf 4–5 Augen zurück. Himbeeren können Sie als süße Naschhecke am Zaun entlang pflanzen. Besser zugänglich sind die Sträucher, wenn Sie ein einfaches Spalier bauen, das von beiden Seiten erreichbar ist. Spannen Sie zwischen zwei stabilen, gut verankerten Eckpfosten zwei Drähte. Durch die Zwischenräume »flechten« Sie später die langen Triebe; so ersparen Sie sich sogar das Festbinden Der Platz, an dem die Himbeeren wachsen sollen, muss gut vorbereitet sein. Sehr günstig wäre eine Vorkultur mit tief wurzelnder Gründüngung, zum Beispiel eine Leguminosenmischung. Diese Pflanzen hinterlassen einen lockeren Boden, der mit Stickstoff angereichert ist. Versorgen Sie das Beet außerdem mit reichlich Kompost und etwas Steinmehl (ohne Kalk!). Nachdem Sie gut angegossen haben, breiten

**Ein vorbildlich angelegtes neues Himbeerbeet mit stabilem Spalier und Mulch.**

Sie sofort über die feuchte Erde eine Mulchdecke aus, die während des ganzen Jahres ständig erneuert wird. Dies ist die wichtigste Pflegemaßnahme! Heimatliche Waldatmosphäre und eine leicht saure Bodenreaktion erreichen Sie durch Nadelstreu oder eine Mulchdecke aus Laub. Auch Rindenhäcksel eignet sich gut. Sie können auch halbverrotteten Kompost ausstreuen, der dann mit Stroh, Grasschnitt, Hobelspänen oder zerkleinertem Heckenschnitt abgedeckt wird. Als zusätzlicher Dünger im Herbst eignen sich Hornspäne oder ein organischer Mischdünger.

# Schnitt und Gesundheitspflege

Himbeeren treiben im Sommer neue Ruten, die dann im folgenden Jahr Früchte tragen. Nach der Ernte sterben diese Zweige ab. Sie müssen dicht am Boden weggeschnitten werden. Entfernen Sie auch alle schwachen Triebe. Jede erwachsene Himbeerpflanze sollte 5–8 kräftige Neutriebe behalten. Zweimal tragende Sorten werden erst im Frühling zurückgeschnitten. Verbrennen Sie den gesamten Himbeerschnitt, um Infektionen zu vermeiden. Die gefürchtete Himbeerrutenkrankheit erkennen Sie an grauen, später violettbraunen Flecken; die Rinde platzt, und die Triebe sterben ab. Solche kranken Pflanzenteile müssen Sie sofort wegschneiden und verbrennen! Außer den naturgemäßen Pflegemaßnahmen wirken vorbeugende Spritzungen mit Schachtelhalmbrühe gegen diese Pilzkrankheit. Wählen Sie Züchtungen, die nicht krankheitsanfällig sind!
Die süßen, weichen Himbeeren schmecken frisch gepflückt am besten. Und sie sind reich an Vitaminen und Mineralstoffen.

## Alt bewährte Himbeersorten

| | |
|---|---|
| 'Preußen-Auslese' | sehr gutes Aroma, reiche Ernten; anfällig für Himbeerruten-Krankheit |
| 'Schöne-mann' | säuerlich-aromatische große Früchte, die spät reifen; kaum krankheitsanfällig |
| 'Malling Promise' | süße Beeren; frühreifend, wächst stark und gesund |
| 'Golden Queen' | rundliche goldgelbe Beeren, wohlschmeckende alte Liebhaber-Sorte. |
| **Neue Züchtungen** | |
| 'Korbfüller' | zweimal tragend (Juni und September–Oktober), aromatische Früchte |
| 'Autumn Bliss'/'Blissy' | große aromatische Beeren, spätreifend von August bis Oktober; alle Fruchttriebe werden im November/Dezember tief am Boden abgeschnitten; die Himbeeren reifen nur am neuen Austrieb, deshalb nicht durch die Rutenkrankheit gefährdet |
| 'Golden Bliss' | leuchtend gelbe aromatische Früchte, Kultur wie 'Autumn Bliss' |

**Die altbewährte Himbeersorte 'Schönemann' trägt große aromatische Beeren.**

# Klein, aber ertragreich: Beerensträucher und Kronenbäumchen

Beerensträucher beanspruchen wenig Platz. Sie sind die idealen Obstlieferanten für die ganze Familie. Schon nach kurzer Zeit können Sie mit den Kindern reichlich gesunde Früchte ernten. Im Herbst beginnt die günstige Pflanzzeit für Gehölze, zu denen auch Stachelbeeren und Johannisbeeren gehören. Bei offenem Wetter können Sie von Oktober bis weit in den November hinein Beerensträucher in den Boden setzen. Falls Sie im Herbst nicht mehr dazu kommen, lässt sich die Pflanzung auch auf März oder April verschieben.

## Bodenvorbereitung und Pflege

Der Boden muss sorgfältig vorbereitet werden. Lockern Sie die Erde gründlich und tief. Unkraut entfernen Sie mit allen Wurzeln. Später dürfen Sie die nachwachsenden Beerensträucher nicht mehr durch intensives Hacken stören.
Für die Bodenvorbereitung verteilen Sie reichlich Kompost. In die oberste Erdschicht arbeiten Sie einen langsam wirkenden organischen Dünger ein, zum Beispiel Hornspäne.
Heben Sie das Pflanzloch so geräumig wie möglich aus. Die Wurzeln sollen sich unbeengt ausbreiten können. Die Sträucher setzen Sie etwas tiefer als sie vorher in der Baumschule gestanden haben; sie bilden dann an der Basis viele neue Triebe.
Die Wurzeln werden vor der Pflanzung nur leicht eingekürzt. Die Zweige der Sträucher schneiden Sie dagegen um zwei Drittel zurück. Füllen Sie das Pflanzloch wieder mit der ausgehobenen Erde, die möglichst mit Kompost vermischt werden sollte. Treten Sie diese Füllung vorsichtig fest, damit die Wurzeln engen Kontakt mit der Erde bekommen. Dann gießen Sie gründlich mit der Gießkanne an.

In der sorgfältig vorbereiteten Pflanzgrube wird der junge Beerenstrauch etwas tiefer gesetzt als er vorher gestanden hat.

Sehr wichtig für eine gesunde Entwicklung der Beerensträucher ist eine ständige Bodendecke. Stachelbeeren und Johannisbeeren sind ursprünglich an lichten Waldrändern zu Hause. Sie lieben deshalb einen sonnigen bis halbschattigen Standort und feuchten, lockeren Humus. Breiten Sie rund um die Sträucher eine Mulchschicht aus Laub, Gras oder zerkleinerten, holzigen Gartenabfällen aus. Diese Decke schützt die Bodenfeuchtigkeit und setzt sich langsam in guten Humus um. Erneuern Sie sie immer wieder, wenn die Abfälle verrottet sind.

## Schnitt der Beerensträucher

Für gesundes Wachstum ist es auch wichtig, dass die Beerensträucher regelmäßig geschnitten werden, damit sie nicht überaltern und zuwuchern. Luft und Sonnenlicht sind notwendig, damit gesunde, aromatische Früchte reifen können. Grundsätzlich gilt, dass sowohl bei Stachelbeeren als auch bei Johannisbeeren alte, dunkelgefärbte Triebe regelmäßig tief am Boden entfernt werden. Für alle Schnittmaßnahmen ist die Zeit im Herbst oder im frühen Frühling günstig.

Die alte Johannisbeersorte 'Weiße Versailler' ist eine Delikatesse, die Sie am besten frisch vom Strauch genießen sollten.

'Hinnomäki' gehört zu den neuen Stachelbeer-Züchtungen, die als resistent gegen Mehltau gelten. Die gelben Beeren sind süß und saftig.

## Johannisbeer-Variationen

| Rote Sorten – altbewährte Züchtungen | 'Jonkheer van Tets' – frühreifend, reichtragend, lange Trauben |
| --- | --- |
| | 'Heros' – frühreifend, wohlschmeckend; große Beeren an langen Trauben |
| | 'Heinemann's rote Spätlese' – späte Reife ab August; sehr aromatisch, lange Trauben, reich tragend |
| Neue Züchtung | 'Rovada' – extrem lange Trauben, reich tragend und robust, späte Reife ab Mitte Juli |
| Weiße Sorten – altbewährte Züchtungen | 'Weiße Versailler' – früh reifend, feines Weinaroma; robuste alte Liebhabersorte |
| | 'Weiße aus Jüterbog' – früh reifend; süße Beeren an langen Trauben |
| Schwarze Sorten – altbewährte Züchtungen | 'Silvergieters Schwarze' – Reife Ende Juni; mildes Aroma, robust |
| | 'Rosenthals Langtraubige' – Reife Ende Juni; große Beeren an langen Trauben, hoher Vitamin-C-Gehalt, gesund und robust |
| Neue Züchtungen | 'Titania' – mittelspäte Reife, reich tragend; resistent gegen Mehltau, Rost und Blattfallkrankheit |
| | 'Ometa' – spät reifend; lange Trauben, robust und widerstandsfähig gegen Rost, Mehltau und Blattfallkrankheit |

Trotz vieler Gemeinsamkeiten gibt es bei den Beerensträuchern aber auch einige individuelle Ansprüche zu beachten:

- **Rote und Weiße Johannisbeeren** tragen ihre Früchte an den Zweigen, die zwei bis drei Jahre alt sind. Alle vierjährigen Triebe werden entfernt. Von den nachwachsenden Zweigen bleiben in jedem Jahr 2–3 kräftige Jungtriebe stehen. Der Rest des jährlichen Nachwuchses kann weggeschnitten werden. Insgesamt sollte ein gesunder Beerenstrauch aus 8–12 Trieben aufgebaut sein. So wächst er luftig und bleibt fruchtbar.
- **Schwarze Johannisbeeren** tragen vor allem am einjährigen Holz. Sie sollten also immer zu frischem Austrieb angeregt werden. Schneiden Sie alle abgeernteten Zweige tief am Boden ab. 2–3 Neutriebe dürfen jedes Jahr nachwachsen. Der Rest wird entfernt. Insgesamt sollten die starkwachsenden Büsche nicht mehr als acht kräftige Hauptäste haben.
- **Alle Stachelbeersorten** werden ähnlich wie die Johannisbeeren geschnitten. Die Sträucher tragen ebenfalls am zwei bis dreijährigen Holz.
  Alle Zweige, die älter sind, werden bis zum Boden abgeschnitten. Ein gut gewachsener Stachelbeerstrauch sollte aus 8–12 starken Trieben bestehen.

# Große Auswahl an Farben und Aromen

Johannisbeeren und Stachelbeeren werden in großer Sortenvielfalt angeboten. Es gibt immer noch zahlreiche altbewährte Züchtungen, die sehr empfehlenswert sind. Vor allem im Geschmack sind sie unübertroffen. Hinzu kommen gute neue Sorten, die sich zum Teil durch Krankheits-Resistenzen auszeichnen. Dies ist ein wichtiger Gesichtspunkt bei der

Sortenwahl. Wenn eine Stachelbeerzüchtung nicht anfällig für den Amerikanischen Stachelbeermehltau ist, dann bedeutet Ihre Wahl schon den ersten Schritt zum vorbeugenden, naturgemäßen Pflanzenschutz!

Auch die Farben spielen eine wichtige Rolle – wer die Wahl hat, hat auch die Qual:

**Rote Johannisbeeren** sind die süß-säuerlichen Klassiker unter diesen vielseitigen Beeren. Sie eignen sich zum frischen Verzehr ebenso wie zum Einmachen, Einfrieren und Backen. **Weiße Johannisbeeren** zeichnen sich durch ein fein säuerliches Weinaroma aus. Am besten schmecken sie von der Hand in den Mund. **Schwarze Johannisbeeren** besitzen ein herb-würziges Aroma und einen besonders hohen Vitamin-C-Gehalt. Bereiten Sie gesunden Saft oder köstliches Gelee aus den schwarzen Beeren.

Auch **Stachelbeeren** gibt es in verschiedenen Farben. Die weißen, gelben, grünen oder braunroten Sorten haben alle ein ausgeprägtes eigenes Aroma. Wenn Sie einen Teil der halbreifen Früchte ernten und zu Kompott einkochen, entlasten Sie die Stämmchen und erhalten später besonders schöne, reife Früchte. Die Früchte eignen sich zum Rohessen, für Desserts und Marmeladen.

Treffen Sie Ihre Wahl so, wie es Ihrem persönlichen Geschmack und Ihren Gartenverhältnissen entspricht.

## Stachelbeeren in allen Farben

| | |
|---|---|
| Gelbe Sorten – altbewährte Züchtungen | 'Hönings Früheste' – früh reifend, süße behaarte Früchte; nicht anfällig für Mehltau |
| Neue Züchtungen | 'Hinnomäki' – mittelfrühe Reife, goldgelbe Beeren; mehltauresistent |
| | 'Invicta' – mittelfrüh reifend, gelb-grüne Beeren, ertragreich; mehltauresistent |
| Grüne Sorten – altbewährte Züchtungen | 'Grüne Kugel' – Reife Ende Juni, mildes Aroma, reich tragend und robust |
| | 'Lady Delamere' – mittelfrüh reifend, grüngelbe süße glattschalige Früchte, sehr robust |
| Weiße Sorten – altbewährte Züchtungen | 'Weiße Triumpf' – mittelspäte Reife, süßaromatische weißliche Beeren; starkwüchsig und robust |
| Rote Sorten – altbewährte Züchtungen | 'Maiherzog' – früh reifend, dunkelrote, glattschalige Beeren, süß-säuerlicher Geschmack |
| | 'Rote Triumpf' – spät reifend, dunkelrote behaarte dickschalige Beeren, süß-sauer; robust aber etwas mehltauanfällig |
| Neue Züchtungen | 'Rokula' – mittelfrühe Reife, dunkelrote runde Früchte, wohlschmeckend; mehltauresistent |
| | 'Rolanda' – wenige Stacheln, dunkelrote Früchte mit glatter Schale, späte Reifezeit |

# Kronenbäumchen – die mundgerechte Alternative

Wenn Sie nur wenig Platz übrig haben, sollten Sie Kronenbäumchen auf hohen Stämmen pflanzen. Mit solchen Johannisbeer- oder Stachelbeerbäumchen können Sie eine reizende Beeren-Allee pflanzen. Rechts und links vom Gartenweg nehmen sie nur wenig Platz weg. Sie können leicht ernten. Und den Kindern wachsen die süßen Beeren fast in den Mund!

# Pflanzen Sie einen Obstbaum!

Es ist immer noch etwas Besonderes, einen Apfelbaum im Garten zu pflanzen. Er erinnert auch moderne Menschen ein wenig an uralte Fruchtbarkeitssymbole und an die Ehrfurcht, mit der unsere Vorfahren solche großen Bäume mit ihrem reichen Erntesegen betrachteten. Ein Obstbaum blieb viele Jahre, oft Generationen lang, am gleichen Platz stehen. Auch wenn Sie heute auf begrenztem Raum nur einen kleinwüchsigen Baum pflanzen, so wird er doch für lange Zeit mit seinen leuchtenden Früchten ein Blickpunkt in Ihrem Garten sein.

**Kleinwüchsige Apfelbäume tragen schon in jungen Jahren Früchte.**

## »Pionierarbeit« zahlt sich aus

Die beste Pflanzzeit für Obstbäume liegt im Spätherbst. In Landschaften, in denen man mit frühen Wintereinbrüchen rechnen muss, wird am besten im Oktober gepflanzt, in milden Gegenden ist der November besonders günstig. Natürlich ist auch eine Frühjahrspflanzung möglich. Gehölze sollten gut einwurzeln, bevor sie zu treiben beginnen.

Wenn Sie einen kleinen Baum im Topf kaufen, der bereits einen Wurzelballen besitzt, gestaltet sich der Umzug in den Garten ganz unproblematisch. Dann ist auch eine spätere Pflanzung möglich.

Heben Sie die Wurzelgrube für einen Baum möglichst schon einige Wochen vor der Pflanzung aus. Bemessen Sie sie reichlich groß, damit sich die Wurzeln später bequem darin ausbreiten können. Je nach Baumart graben Sie 40–60 cm tief. Füllen Sie dann ein paar Schaufeln voll ausgereifter Komposterde in das Loch. Den Bodenaushub vermischen Sie ebenfalls mit Kompost. Fügen Sie außerdem etwas Holzasche, Steinmehl oder Algenkalk hinzu. Wenn Sie alles locker durcheinander geschaufelt haben, füllen Sie diese Mischung vorläufig wieder in die Grube. Nun decken Sie die Pflanzstelle mit Laub oder Grasschnitt ab. Wenn Sie dann im Spätherbst Ihren Obstbaum pflanzen, finden Sie einen mürben, humusreichen Boden vor. Die lockere Erde lässt sich leicht herausholen und wieder einfüllen. Die jungen Wurzeln können in diesem guten Humus leicht »Fuß fassen« und sich weiter ausbreiten.

## Baumscheiben und Frostschutz

Legen Sie unter jedem Obstbaum eine Baumscheibe an, die so groß ist, dass sie den Umfang der Krone erreicht. Auf dieser offenen Fläche teilen Sie Kompost aus. Im Herbst wird der Boden mit Laub gemulcht, im Frühling streuen Sie einen organischen Dünger aus, und im Sommer können Sie den jungen Baum über die Baumscheibe wässern. Für die regelmäßige Erneuerung der Bodendecke eignen sich auch Grasschnitt oder Häcksel vom Heckenschnitt. Langjährige Erfahrungen zeigen, dass Obstbäume mit einer gepflegten Baumscheibe gesünder wachsen und weniger unter Krankheiten leiden.

Frostrissen beugen Sie vor, wenn Sie die Stämme im Herbst oder im frühen Winter durch einen Kalkanstrich schützen. Im Biogarten mischt man Schachtelhalm-Brühe mit Lehm oder Tonmehl und fügt dann noch Algenkalk hinzu. Fertige Mischungen für den Baumanstrich bekommen Sie im Fachhandel.

## Bäume für kleine Gärten

Für kleine Gärten eignen sich vor allem so genannte **Spindelbüsche**. Dazu gehören zum Beispiel Äpfel, die auf einer schwach wachsenden Unterlage veredelt wurden. Sie werden nur 2–3 m hoch und bleiben so schmal, dass sie mit 2,50–3 m Abstand gepflanzt werden können. Es ist also möglich, mehrere Bäumchen in einer Reihe zu pflanzen, zum Beispiel am Zaun entlang. Spindelbüsche tragen früh und sind bequem abzuernten.

Eine mittelgroße Baumform ist der **Buschbaum.** Die Stämme dieser Züchtungen werden 60–80 cm hoch, die Kronen bleiben relativ klein. Zwischen zwei Buschbäumen müssen Sie beim Pflanzen einen Abstand von 4–5 m einhalten. Quitten werden zum Beispiel als Buschbäume angeboten. **Halb- und Hochstämme** wachsen zu stattlichen Obstbäumen heran, die für kleine Gärten nicht empfehlenswert sind. Gehölze, die im heimischen Klima aufgezogen wurden, bieten eine gewisse Garantie für gesundes Wachstum.

**In den Wintermonaten schützt ein Kalkanstrich Obstbäume vor Rissen in der Rinde.**

**Eine köstliche Spezialität: der 'Schweizer Orangenapfel'.**

In einen naturgemäß angelegten und gepflegten Garten passen besonders gut alte Obstsorten, die heute wieder in vielen Baumschulen angeboten werden. Siehe Bezugsquellen, Seite 140.

# Der Apfelbaum – ein kleines Stück vom Paradies

Alle Apfelbäume, die in unseren Gärten wachsen, sind Züchtungen, die auf speziellen Unterlagen veredelt wurden. Sie lieben einen feuchten möglichst etwas lehmigen Boden. Auch hohe Luftfeuchtigkeit ist günstig. Pflanzen Sie deshalb nie einen Apfelbaum an einem trockenen Südhang! Da Apfelbäume sehr flach wurzeln, können Sie ihnen gute Lebensbedingungen verschaffen, wenn Sie eine große Baumscheibe anlegen, die mit nahrhaftem Kompost versorgt und gemulcht wird. Apfelbäume gehören zu den Fremdbestäubern. Jeder Baum braucht einen andersartigen Pollenspender. Wenn in den Nachbargärten bereits Apfelbäume wachsen, brauchen Sie sich keine Sorgen zu machen. Andernfalls müssen Sie mindestens zwei Bäume einplanen. Die Auswahl an altbewährten Apfelsorten ist sehr groß. Wählen Sie für den kleinen Garten eine Züchtung, deren Geschmack Ihnen besonders zusagt. Hier kommt es ja nicht auf große Ernten für den Wintervorrat an, sondern auf köstliche Früchte, die Sie frisch vom Baum genießen möchten. Den geringsten Platz beanspruchen die neuen **Ballerina-Züchtungen.** Diese Bäumchen werden nur 30 cm breit und wachsen wie schlanke Säulen bis zu einer Höhe von 2,50–4 m hoch. Sie tragen schon ab dem zweiten Jahr und kön-

nen sogar in großen Kübeln gehalten werden. Immer noch verbreiten Apfelbäume einen Abglanz vom Paradies im Garten. Sie bezaubern im Frühling mit reicher Blütenpracht, und im Herbst leuchten die reifen Früchte aus ihren Kronen. Schenken Sie sich und Ihren Kindern diese Freuden.

# Pflaumen und Zwetschen reifen überall

Pflaumen oder Zwetschen gehören zu den unkompliziertesten Bäumen für den kleinen Hausgarten. Ihre Stämme wachsen nicht allzu hoch,

## Bewährte Apfelsorten, die Sie als Spindelbüsche kaufen können

| | |
|---|---|
| 'Berlepsch' | gelbe, rötlich-gestreifte Früchte, fein-würziges, saftiges Fleisch |
| 'Cox Orange' | gelblich bis bis braunrot gefärbte mittelgroße Äpfel von sehr aromatischem süß-würzigem Geschmack; nur für gute, nicht zu raue Lagen |
| 'Elstar' | neue Züchtung; rotbackige Früchte von sehr aromatischem süß-säuerlichem Geschmack |
| 'James Grieve' | hellgrüne Früchte mit roten Streifen, saftig-würziger Geschmack |
| 'Ontario' | grün-gelbe, blaurot geflammte Früchte, fein-säuerlicher Geschmack |
| 'Schweizer Orangenapfel' | kleine dunkelrote Äpfel, die süß-säuerlich schmecken |
| 'Weißer Winterglockenapfel' | glockenförmige, grün-gelblich gefärbte Früchte mit frisch-säuerlichem Geschmack |

und die Kronen entwickeln sich nicht ausladend breit. Pflaumen brauchen in der Regel einen Partner für die Befruchtung, Zwetschen sind meist selbst fruchtbar, das bedeutet: Es genügt, wenn Sie einen einzelnen Baum pflanzen. Pflaumen und Zwetschen reifen in rauen Mittelgebirgslagen ebenso wie im milden Weinbauklima. Die Bäume wachsen in jedem normalen Gartenboden; ein sonniger Standort ist aber empfehlenswert, damit sich süße aromatische Früchte entwickeln können. Diese sind in unterschiedlichen Nuancen blau-violett gefärbt.

Es gibt einige Erkennungsmerkmale, an denen Sie diese eng verwandten Obstarten unterscheiden können: Pflaumen sind rundlich geformt und besitzen eine Fruchtnaht. Sie reifen meist früher und eignen sich für den frischen Verzehr. Zwetschen sind länglicher geformt und besitzen ein »spitzes« Ende. Die Früchte haben keine Naht oder Furche, ihre Schale ist wachsartig bereift. Das Fleisch der Zwetschen ist süß und saftig. Sie reifen später und eignen sich zum Einmachen, Dörren, Backen und für Kompott. Natürlich können Sie sie auch roh genießen.

## Empfehlenswerte Sorten

Zu einem kleinen naturgemäßen Garten passt sehr gut die Hauszwetsche. Sie gedeiht seit dem 17. Jahrhundert in Deutschland und ist mit zahlreichen lokalen Varianten gut an die unterschiedlichen Boden- und Klimaverhältnisse angepasst. Hauszwetschen sind selbstfruchtbar und tragen schon früh als junge Bäume. Ihre Früchte reifen spät und besitzen einen würzigsüßen Geschmack. Fragen Sie in der Baumschule nach einer lokalen Sorte, die in Ihrer Gegend gut gedeiht.

Wenn Sie lieber einen Pflaumenbaum pflanzen möchten, können Sie zwischen zwei traditionsreichen Sorten aus dem 19. Jahrhundert wählen: 'Königin Victoria' ist ein kleinkroniger Baum, der reich trägt. Die Früchte zeichnen sind durch honiggelbes, aromatisches Fruchtfleisch aus. Die 'Ontariopflaume' wächst stärker und trägt große rundliche Früchte, die süß-würzig schmecken. Diese Sorte ist selbstfruchtbar.

Pflaumen- und Zwetschenbäume sind unkomplizierte Obstarten für Gärtner, die wenig Platz und nicht viel Zeit für die Pflege haben.

**Die Hauszwetsche ist seit Jahrhunderten in vielen Landschaften heimisch.**

**Die Sorte 'Königin Victoria' stammt aus dem 19. Jahrhundert.**

# Der kleine Blumengarten

Ein- und zweijährige Sommerblumen werden ebenso wie die langlebigeren Stauden, zu denen auch Zwiebelblumen und Gräser gehören, im biologischen Garten harmonisch miteinander gemischt. Ein Fest der Farben entsteht, wenn man Partner, die gut »miteinander können«, auswählt und außerdem dafür sorgt, dass sie an einem geeigneten Standort wachsen.

# Blütenpracht für Biogärten

Ein harmonischer Biogarten endet nicht im Salatbeet oder unter den Johannisbeersträuchern. Zum Nützlichen gehört ganz natürlich auch das Schöne. So zeigt es uns die Natur, wo unter Bäumen und Sträuchern ein Teppich aus Gräsern und Blütenpflanzen ausgebreitet ist. Und so war es jahrhundertelang Tradition im Bauerngarten, wo Ringelblumen, Madonnenlilien, Rosen und viele andere Blumen mit ihrer üppigen Blütenpracht die Gemüsebeete umrahmten. Kompost, organische Dünger und Brennnesseljauche sorgen auch bei Stauden und Sommerblumen für gesundes Wachstum. Sogar das Prinzip der Bodenbedeckung lässt sich an manchen Stellen auf den Blumengarten übertragen. Die bunt gemischte Nachbarschaft kommt dem Nützlichen und dem Schönen gleichermaßen zugute. Wichtig ist aber auch das Wohl des Gärtners: Von Nutzpflanzen erntet er Nahrung für den Körper – Blumen schenken Nahrung für die Seele.

Das preiswerteste und bunteste Sommergarten-Vergnügen stammt aus kleinen Samentüten. Sie können mit solchen selbst gezogenen Blumen einen ganzen Garten verzaubern. Diese Schönheit ist allerdings vergänglich. Die kurzlebigen Kinder Floras entfalten sich in wenigen Sommerwochen und gehen mit dem ersten Frost zugrunde.

Viele Jahre, oft sogar Jahrzehnte, schmücken dagegen die Stauden einen Garten. Diese ausdauernden Blütenpflanzen stehen in großer Fülle zur Auswahl. Auf den folgenden Seiten finden Sie Beispiele für kurzlebige und langlebige Blumen, die vom Frühling bis zum Herbst Blütenfreuden versprechen. Suchen Sie sich aus, was Sie zum Ausprobieren im eigenen Garten verlockt.

## Beetvorbereitung und Aussaat

Im Frühling können Sie von April bis Mai die einjährigen Sommerblumen im Garten aussäen. Dafür eignet sich ein gut vorbereitetes Saatbeet oder ein Frühbeet. Einige empfindliche Arten zieht man besser auf einer warmen Fensterbank oder im Kleingewächshaus vor.

Die Erde des Saatbeetes muss locker und feinkrümelig sein. Im Herbst oder zeitig im Frühling sollte es mit Kompost versorgt werden. Sobald der Boden sich genügend erwärmt hat, säen Sie die verschiedenen Sommerblumen in Reihen auf dem Beet aus. Namensschilder oder auch die bunten Samentütchen dienen als Kennzeichen, damit Sie später noch wissen, welche Blumen dort wachsen. Decken Sie die Reihen dünn mit Erde oder reifem Kompost zu. Die Körner sollten nicht zu dicht liegen, sonst finden die jungen Pflanzen keinen Platz, um sich kräftig zu entwickeln. Zu eng stehende Keimlinge müssen später ausgelichtet werden. Sehr wichtig ist es, dass das Saatbeet regelmäßig feucht gehalten wird. In sehr warmen und trockenen Frühlingswochen hilft ein alter Jutesack, der feucht über das Saatgut gelegt wird. Auch ein modernes Vlies erfüllt diesen Zweck. Sobald die Keimblätter durchdringen, kann dieser Schutz wieder entfernt werden. Einige robuste Sommerblumen können auch direkt an Ort und Stelle breitwürfig ausgesät werden. Dazu gehören zum Beispiel Ringelblumen und Kornblumen. Beachten Sie immer auch die Hinweise auf der Rückseite der Samentüten. Dort finden Sie wichtige Angaben über die Pflanzabstände, die Wuchshöhe und die Blütezeit.

## Die besten Plätze für kurzlebige Sommerschönheiten

In der zweiten Maihälfte, wenn die Pflanzen kräftig genug entwickelt sind, können Sie die Sommerblumen einzeln auf die vorgesehenen Plätze im Garten versetzen. Halten Sie zwischen den Pflanzen genügend Abstand ein, damit sie sich reich verzweigen können. Sie wachsen dann auch stabiler, weil sie im Kampf ums Licht nicht nur nach oben streben müssen.

Einjährige Sommerblumen können Lücken im Staudenbeet füllen oder ganze Rabatten bilden. Sie gedeihen vor Ziersträuchern und am Rand des Gemüsegartens. Immer brauchen sie aber einen sonnigen Platz. Im Schatten und unter beengten Verhältnissen entwickeln die einjährigen Schönheiten niemals ihre bunte Fülle.

Achten Sie beim Verpflanzen auch darauf, dass die unterschiedlichen Wuchshöhen aufeinander abgestimmt werden.

Mit den leuchtenden Blütenfarben der Sommerblumen kann ein geschickter Gärtner wie ein Maler arbeiten. Wo die Farbtöne untereinander harmonieren, da können Gartenbilder von zauberhafter Anmut entstehen.

Wählen Sie beim Auspflanzen einen geeigneten Standort und genügend Abstand zwischen den Pflanzen.

## Die richtige Ernährung

Wenn der Boden mit Kompost und Hornspänen eine Grunddüngung erhalten hat, dann genügen als zusätzliche Ernährung ein bis zwei kräftige Güsse mit Brennnesseljauche während der Hauptwachstumszeit. Mit Flüssignahrung darf aber erst gedüngt werden, wenn die Pflanzen gut angewachsen sind.

Sommerblumen sollen möglichst viele Blüten entwickeln. Wenn der Gärtner sie zu üppig ernährt, dann treiben sie zu viele »fette Blätter« und werden blühfaul. Wenn Sie außerdem regelmäßig alle verwelkten Blumen abzupfen, dann haben Sie schon das Wichtigste getan, um eine wochenlange Blütenfülle hervorzulocken.

# Einjährige Sommerblumen

Eine kleine Auswahl aus der Fülle, die in Samen-tüten angeboten wird, soll Ihnen den Einstieg in die Welt der Sommerblumen erleichtern.

## Aster
### (Callistephus chinensis)

Astern gehören zum sommerlichen Garten-bild. Es sind wunderschöne Beet- und Schnitt-blumen, die von Juli bis zum späten Herbst blühen. Das Farbenspektrum reicht von Weiß über Rosa und Weinrot bis zu hellen und dunk-len Violettönen. Es gibt hohe und niedrige Sorten. Pflanzen Sie sie mit 15–25 cm Abstand. Je nach Sorte wachsen die buschig verzweigten Astern 30–70 cm hoch. Die ungefüllten Sorten sind unter dem Namen **Margareten-Astern** im Handel. Die ʻStellaʼ-Mischung ist widerstands-fähig gegen die Asternwelke. **Straußenfedern-Astern, Strahlenastern, Herzoginastern** und **Pompon-Astern** gehören zu den traditionsrei-chen dicht gefüllten Sommerastern. Außerdem gibt es noch niedrige Zwergastern. Von allen Gruppen werden farbenfrohe Mischungen an-geboten. Im Handel können Sie auch vorgezo-gene Pflanzen kaufen, die aber meist keine Sortenbezeichnung haben.
**Tipp:** Achten Sie beim Kauf auf Sorten, die widerstandsfähig gegen die Asternwelke sind!

## Jungfer im Grünen
### (Nigella damascena)

So heißt eine zarte Sommerblume, mit der Sie überall Beetlücken füllen können. Die himmel-blauen Blütensterne sind von feingefiedertem

Astern blühen in zahlreichen Sorten und Farben den ganzen Sommer bis tief in den Herbst.

Blütensterne zwischen zartgefiedertem Laub sind das Erkennungszeichen der Jungfer im Grünen.

Laub umgeben. Es gibt auch rosa und weiße Variationen.

Säen Sie die hübsche »Jungfer«, die man auch **»Braut im Haar«** oder **»Gretel im Busch«** nennt, breitwürfig aus. Später lichten Sie die Pflanzen auf 15 cm Abstand aus. Die Blumen erreichen 30–50 cm Höhe. Sie blühen von Juni bis Oktober. 'Miss Jekyll' ist eine himmelblaue Züchtung. Außerdem gibt es Farbmischungen wie 'Persische Juwelen'.

**Tipp:** Die großen aparten Samenstände eignen sich gut für Trockensträuße.

## Kornblume
### (Centaurea cyanus)

Kornblumen wachsen nicht nur am Feldrand. Im Garten – besonders hübsch wirken sie in Bauerngärten – gehören sie zu den anspruchslosen ländlichen Schönheiten, die auf dem Beet oder als Schnittblumen in bunten Sommersträußen leuchten. Außer im berühmten Kornblumenblau gibt es sie auch in rosa und weißen Tönen. Säen Sie Kornblumen breitwürfig auf freie Plätze. Später brauchen die Pflanzen 15–25 cm Abstand; sie erreichen 40–80 cm Höhe. Kornblumen blühen von Juli bis September. Sie passen gut zum naturgemäßen Garten. Meist werden Farbmischungen angeboten. 'Blue Boy' oder 'Blauer Junge' ist eine intensiv blaue Sorte.

**Tipp:** Streuen Sie ein paar Kornblumenblüten in Ihren sommerlichen Kräutertee.

**Löwenmäulchen besitzen die Vitalität alter Bauerngartenpflanzen. Sie blühen monatelang bis zum Frost.**

## Löwenmäulchen
### (Antirrhinum majus)

Löwenmäulchen gehören zu den altbekannten Bauerngartenblumen. Sie halten auch in der Vase sehr lange. Säen Sie Löwenmäulchen sehr frühzeitig aus – am besten ab März im Warmen. Dann können Sie im Mai schon kräftige Pflanzen in den Garten setzen. Sie benötigen 20–25 cm Abstand und erreichen je nach Sorte und Kulturbedingungen 20–90 cm Höhe. Die zauberhaften samtigen Blüten leuchten von Juni bis Oktober in warmen rosa, roten und gelben Farbtönen. Dazwischen tauchen auch cremeweiße Blumen auf. Meist werden aber Farbmischungen in niedrigen, halbhohen oder hohen Sorten im Handel angeboten. Kinder lieben es, die Blüten zusammenzudrücken, sodass sich das »Maul« öffnet!

**Tipp:** Löwenmäulchen werden von Schnecken verschont!

## Ringelblume
### (Calendula officinalis)

Sie dürfen in keinem Biogarten fehlen. Man kann sie zwischen den Kräutern ansiedeln oder als Mischkulturenpartner im Gemüsegarten einplanen. Natürlich passen die leuchtenden Sonnen der Ringelblumen auch als »Hingucker« in die Blumenrabatte. Seit Jahrhunderten blühen diese heilkräftigen Blütenpflanzen schon in Kloster- und Bauerngärten. Sie sind sehr anspruchslos und können ab April breitwürfig im Garten ausgesät werden. Wo sie einmal heimisch geworden sind, säen sich die Ringelblumen jedes Jahr von selbst aus. Die kräftigen verzweigten Pflanzen benötigen 25–30 cm Abstand; sie erreichen 30–50 cm Höhe. Ringelblumen blühen von Juni bis zum Frost. In den naturgemäßen Garten passen am besten einfach blühende Mischungen. Schön sind auch gefüllte Züchtungen in leuchtenden Gelb- und Orangetönen wie die 'Pacific'-Mischung oder die niedrige 'Fiesta Gitana'-Mischung.
**Tipp:** Pflücken Sie Ringelblumenblüten auch für Ihren Tee und als gesunde und dekorative Zutat zum Salat.

## Schmuckkörbchen
### (Cosmos bipinnatus)

Schmuckkörbchen werden auch **Kosmeen** genannt. Die hoch wachsenden altvertrauten Blumen sind Wahrzeichen des bunten Sommergartens. Säen Sie sie ab April ins Freiland. Die jungen Pflanzen brauchen 30–40 cm Abstand; sie wachsen 100–150 cm hoch.

Schmuckkörbchen öffnen zwischen feingefiedertem Laub offene Blütenschalen in rosa, weinroten oder weißen Farbtönen. Diese traditionsreichen Bauerngartenblumen gedeihen problemlos überall und blühen unermüdlich von Juni bis November.
'Sensation' bietet eine Mischung aller Farben. 'Daydream' ist eine neue Züchtung in zarten weiß-rosa Farbtönen.
**Tipp:** Kosmeen sind bei Schnecken nicht beliebt!

## Sommerfuchsie
### (Clarkia unguiculata)

Diese bezaubernd altmodische Blumen wurden zu Großmutters Zeiten auch **Mandelröschen** genannt. Säen Sie sie ab März ins Freiland. Die

**Schmuckkörbchen eignen sich ganz hervorragend für Sommersträuße.**

Jungpflanzen werden mit 25 cm Abstand versetzt; sie erreichen 40–60 cm Höhe. Sommerfuchsien blühen von Juni bis September. Sie sind nicht empfindlich und ertragen auch kühle Sommer und lichten Schatten ohne Probleme. Geben Sie ihnen nur wenig Dünger.

Die anmutigen Blüten sind wie dicht gefüllte kleine Röschen geformt. Sie entfalten sich in rosa, roten, lila und weißen Farbtönen. Im Handel sind nur Mischungen aller Farben erhältlich.

**Tipp:** Die Mandelröschen schenken Ihnen wunderschöne Schnittblumen für romantische Sträuße.

## Sonnenblume
### (Helianthus annuus)

Sonnenblumen gehören zum Sommergarten wie das leuchtende Gestirn am Himmel, dessen Namen sie tragen. Diese mächtigen hohen Pflanzen brauchen viel Platz und volle Sonne. Am schönsten wirken sie an einem Zaun. Ab April säen Sie die großen Samen im Freiland aus. Die Pflanzen brauchen später 40–60 cm Abstand, damit sie sich kräftig und gut verzweigt entwickeln können. Je nach Sorte erreichen Sonnenblumen 50–300 cm Höhe. Geben Sie ihnen reichlich organischen Dünger und Brennnesseljauche.

Sonnenblumen blühen je nach Sorte von Juli bis Oktober in warmen sonnengelben und rotbraunen Farbtönen. Es gibt einfache und gefüllte Sorten. Sie können zwischen zahlreichen Züchtungen in den unterschiedlichsten Farbnuancen wählen. 'Herbstschönheit' enthält eine Mischung aus warmen rotbraunen Herbstfarben. 'Goldener Neger' hat goldgelbe große Blumen mit schwarzer Mitte. 'Teddybär' ist eine niedrige Züchtung mit dicht gefüllten Blüten.

**Tipp:** Sonnenblumen liefern lange haltbare Schnittblumen. Mit den Kernen können Sie im Winter die Vögel füttern.

## Studentenblume oder Tagetes
### (Tagetes)

Studentenblumen sind unentbehrlich im naturgemäßen Garten. Sie werden als schädlingsabwehrende Mischkultur und zur Bodengesundung eingesetzt. Darüber hinaus schenken sie Ihnen auch wunderschöne Farbakzente auf den Beeten mit ihren warmen Gold- und Brauntönen.

Tagetes können ab April im Freiland ausgesät werden. Da sie aber zu den Lieblingsspeisen

Dekorativ und nützlich – pflanzen Sie Tagetes zu Tomaten, Kartoffeln oder Petersilie.

der Schnecken gehören, ist es sicherer, sie im geschützten Frühbeet oder an einem warmen Platz im Haus vorzuziehen. Sie können blühende Studentenblumen aber auch in vielen Farben und Sorten überall auf dem Markt und in Gartencentern kaufen. Die niedrig wachsenden Pflanzen brauchen 15 cm Abstand, die hoch wachsenden Sorten 30–50 cm. Alle Tagetes verströmen einen strengen Duft; sie blühen unermüdlich von Mai bis November. Von den vielseitigen Studentenblumen gibt es eine Fülle farbenfroher Züchtungen. **Hohe Sorten** (*T. erecta*) sind zum Beispiel 'Inca yellow' oder 'Inka Gelb' mit großen zitronengelben Blüten oder 'Orangeprinz' mit tief orangefarbigen Blumenbällen. Zu den niedrigen gefüllten Studentenblumen **(T. patula Nana-Gruppe)** gehören 'Cupido' in Schwefelgelb, 'Carmen' in warmem Rotbraun mit goldgelben Akzenten und 'Mr. Majestic' mit ungefüllten kleinen Blüten, die rotbraun und gelb gestreift sind. Zum naturgemäßen Garten passen besonders gut die alte einfach blühende Züchtung 'Ehrenkreuz', die gelb-braun gefärbt ist, und die zierliche **Mexikanische Tagetes** (*T. tenuifolia*) mit kleinen Blütchen und zart gefiedertem Laub. 'Gnom' blüht üppig in Gelb, 'Pusztazauber' leuchtet in Paprikarot und Gelb.
**Tipp:** Von allen Tagetes können Sie leicht selber Samen gewinnen.

## Trichtermalve (*Malope trifida*) und Bechermalve (*Lavatera trimestris*)

Beide sind wunderschöne Sommerblumen mit offenen trichterförmigen Blüten, die wie bei allen Malvengewächsen in den Blattachseln erscheinen. Ab April können Sie die Samen auf einem Beet ausstreuen. Die Jungpflanzen werden später auf 20–30 cm Abstand vorgezogen. Malven erreichen 60–100 cm Höhe. Sie lieben einen guten Boden und volle Sonne. Dann blühen sie reich von Juli bis Oktober in zauberhaften rosa, roten und weißen Farbtönen. Von beiden Malvenarten werden im Handel vor allem Farbmischungen angeboten. Die Bechermalve 'Silver Cup' entfaltet große seidige Blüten in Reinrosa. 'Mont Blanc' ist ihre weiße Schwester. 'Ruby Regis' besticht durch pinkfarbene Blüten mit dunkleren Adern.
**Tipp:** Malven sind zauberhafte Partner im sommerlichen Blumenbeet. Sie passen zu weiß, blau oder rosa blühenden Stauden ebenso wie zu bunt gemischten Astern oder Bartnelken. Wer sie einmal kultiviert hat, mag sie nicht mehr missen!

Die reichblühenden Bechermalven brauchen reichlich Platz, damit sie verzweigte Büsche bilden können.

## Duftwicken
### (Lathyrus odoratus)

Wicken sind Schmetterlingsblütler wie die Erbsen. Sie ranken an Zäunen oder anderen Kletterhilfen hoch. Ihre Blüten verströmen einen feinen süßen Duft. Schon ab März können Sie die großen Samen in die Erde legen – etwa alle 10 cm 2–3 Körner in einer Reihe entlang des Klettergerüstes. Wicken sind Stickstoffsammler, sie müssen aber trotzdem mit Kompost, Hornspänen und etwas Brennnessel-Jauche gedüngt werden. Bei sommerlicher Hitze müssen Sie sie auch gießen. Rankende Wicken wachsen 1,50–3,00 m hoch. Niedrige Züchtungen bleiben 25–40 cm klein. Alle blühen von Juli bis Oktober.

Das Farbenspiel reicht von Weiß über Zartgelb, Rosa und Dunkelrot bis zu lavendelblauen und tief violetten Tönen. Im Handel werden vor allem schöne Mischungen angeboten. Sie können aber auch reine Einzelfarben wählen und miteinander kombinieren.

**Das feine Farbenspiel der Wicken und ihr Duft bezaubern im Garten wie in der Vase.**

**Tipp:** Wickenblüten halten lange in der Vase und erfüllen den ganzen Raum mit ihrem lieblichen Wohlgeruch. Allein dafür lohnt es sich, Wicken auszusäen.

## Zinnie
### (Zinnia elegans und Z. angustifolia)

Zinnien sind Sonnenkinder, die aus Mexiko stammen. Ab März können Sie diese Blumen im Warmen aussäen, ab April auch auf ein Saatbeet im Freiland. Hohe Sorten benötigen beim Verpflanzen 30–40 cm Abstand, bei den zierlichen kleinen Züchtungen reichen 20 cm. Je nach Art und Sorte erreichen Zinnien 20–100 cm Höhe. Sie brauchen Sonne und etwas Brennnessel-Jauche, dann blühen sie von Juni bis Oktober.

Zinnien leuchten in den warmen Sommerfarben Gelb, Orange, Rot und Rostbraun. Es gibt aber auch Rosa- und Lila-Töne. Die Blüten sind meist dicht gefüllt, aber auch die einfachen Sorten haben Charme.

Am schönsten sind die farbenfrohen Mischungen, die im Handel angeboten werden, zum Beispiel die 'Kalifornische Riesen'-Mischung (Z. elegans), die sehr starkwüchsig ist. Zum naturgemäßen Garten passt besonders gut die zierliche 'Perserteppich'-Mischung (Z. angustifolia). Diese Zinnien treiben viele kleine gefüllte Blüten in warmen Farbtönen. 40 cm niedrig bleibt auch die 'Liliput'-Mischung (Z. elegans) mit pomponförmigen Blüten.

**Tipp:** Zinnien locken mit ihren farbenfrohen Blüten viele Schmetterlinge an. Die Blumen sind sehr haltbar, sowohl im Garten als auch in der Vase.

# Zweijährige Sommerblumen

Etwas langlebiger als die einjährigen Schönheiten sind die zweijährigen Sommerblumen. Sie werden im Sommer von Juni bis Juli ausgesät und im Herbst verpflanzt. Erst im folgenden Jahr beginnen sie zu blühen. Unter den Zweijährigen finden sich viele alte Bauerngartenblumen, die sich sehr harmonisch in den Biogarten einfügen. Wo sie sich wohlfühlen, da blühen manche von ihnen auch mehrere Jahre.

## Fingerhut
### (Digitalis purpurea)

Fingerhüte sind ursprünglich auf Waldlichtungen zu Hause. An hohen Stielen öffnen sich über einen langen Zeitraum die glockenförmigen Blüten. Säen Sie Fingerhüte ab Juni im Freiland aus. Bis Ende September müssen die Jungpflanzen mit 30–40 cm Abstand versetzt

**Traumhafte Stimmungen zaubern Fingerhüte in den Garten. Hier ist es die Sorte 'Gloxiniaeflora'.**

werden. Leicht sauren Humus und einen halbschattigen Standort lieben sie besonders. Blühende Pflanzen erreichen von Juni bis Juli 1,20–1,50 m Höhe.

Die heimischen Fingerhüte blühen in weißen, rosa und purpurroten Tönungen. Sie werden meist als Farbmischung angeboten. Neue Züchtungen haben größere Blütenglocken und ein breiteres Farbspektrum, in dem auch cremegelbe, apricotfarbige und rotviolette Töne enthalten sind. 'Mervita' enthält Farben von Cremegelb bis Violett, 'Sutton's Apricot' leuchtet in weichen Pastelltönen.

**Tipp:** Fingerhüte bringen Waldstimmung in den Garten. Sie passen deshalb sehr gut in naturgemäße Pflanzungen. Vor grünem Hintergrund heben sie sich besonders gut ab. Achtung: Fingerhüte sind giftig!

## Goldlack
### (Cheiranthus cheiri)

Er ist der Duftstar im Frühlingsgarten. Sie können ihn schon ab Mai im Garten aussäen und später mit 20–25 cm Abstand versetzen. In rauen Lagen braucht der Goldlack etwas Winterschutz. In der Blütezeit – von April bis Juni – erreichen die Pflanzen, je nach Sorte, 30–50 cm Höhe.

Goldlack blüht einfach oder gefüllt in warmen Gelb-, Orange- und Brauntönen. Im Handel werden Farbmischungen in einfachen oder gefüllten hohen Sorten angeboten. Es gibt auch niedrige Züchtungen.

**Tipp:** Der süße Wohlgeruch des Goldlacks bezaubert im Garten ebenso wie in einem Frühlingsstrauß im Zimmer.

## Stockrose
### *(Alcea rosea)*

Säen Sie diesen Inbegriff des Sommers frühzeitig von Mai bis Juni an Ort und Stelle aus. Die großen Samen lassen sich leicht dosieren, sodass Sie den nötigen Abstand von 40–50 cm gut einhalten können. Binden Sie die Stockrosen im nächsten Jahr rechtzeitig an, denn sie können zur Blütezeit von Juli bis September 2–3 m Höhe erreichen. Die kraftvollen Riesen unter den Malvengewächsen brauchen nährstoffreichen Boden und zusätzlichen Dünger. Sie wachsen in der Sonne und im lichten Schatten.

**Duftender Goldlack und Vergissmeinnicht blühen im Frühling in trauter Zweisamkeit.**

Stockrosen blühen einfach oder gefüllt in weißen, zartgelben, rosa oder roten Farbtönen. Auffallend ist eine schwarzrote Sorte. Meist werden Stockrosen in gefüllten Prachtmischungen angeboten. 'Simplex' ist eine ungefüllte Mischung. 'Nigra' und 'Dunkle Schönheit' blühen einfach in einem mystisch wirkenden Schwarz-Rot.
**Tipp:** Pflanzen Sie Stockrosen am Zaun oder vor einer Wand, wo sie Halt finden und vor Wind geschützt sind. Tipps gegen den Malvenrost finden Sie auf Seite 49–51.

## Vergissmeinnicht
### *(Myosotis sylvatica)*

Vergissmeinnicht dürfen Sie einfach nicht vergessen! Sie gehören mit ihrem himmelblauen Blütenteppich in jeden Frühlingsgarten. Säen Sie sie von Juni bis Juli im leichten Schatten aus und halten Sie das Beet immer feucht. Beim Verpflanzen genügen 15 cm Abstand. Vergissmeinnicht blühen im nächsten Mai zusammen mit den schönsten Frühlingsblumen. Sie werden nur 15–30 cm hoch und sind sehr anspruchslos. Sie lieben Feuchtigkeit und kommen sowohl mit sonnigen als auch mit halbschattigen Standorten zurecht.
Außer dem typischen blauen Vergissmeinnicht gibt es auch rosa und weiß blühende Sorten. 'Blauer Korb', 'Blauer Strauß' und 'Blauer Ball' sind besonders leuchtend blaue Züchtungen. Die Sorte 'Rosylva' blüht rosa.
**Tipp:** Pflanzen Sie blaue Vergissmeinnicht als Teppich oder Beeteinfassung zu gelben Narzissen oder zu Tulpen in weißen und rosa Tönen. Wenn Sie sie nicht zu früh ausreißen, samen sich Vergissmeinnicht jahrelang selber aus.

# Dauerhafte Staudenfreuden

Treu und ausdauernd blühen die Stauden in unseren Gärten. Viele Jahre können sie am gleichen Platz aushalten. Im Winter erfrieren die oberirdischen Pflanzenteile meist. Aber im nächsten Frühling treiben die Stauden aus Wurzelballen, Knollen oder Zwiebeln wieder neu aus. In diese Pflanzengruppe gehören die Beet- oder Prachtstauden und die Wildstauden ebenso wie Dahlien, Lilien, Tulpen, Schneeglöckchen, Seerosen, Gräser und Farne.
Ein abwechslungsreich bepflanztes Staudenbeet kann auch in unseren Gärten zu einem Erlebnis werden, das immer neue Überraschungen bietet.

## Gut vorbereiten

Bereiten Sie ein neues Staudenbeet sehr gründlich vor. Es lohnt sich, jedes Unkraut mit den Wurzeln zu entfernen. Denn später bereitet es viel Ärger, wenn Stauden und Wildkräuter unentwirrbar ineinander wachsen.
Mit reichlich Kompost und einem langsam wirkenden organischen Dünger wird der Boden vor der Pflanzung verbessert. Stauden brauchen zwar Nahrung, aber sie dürfen niemals heftig angetrieben werden, sonst bilden sie mehr Blätter als Blüten. Die beste Pflanzzeit für die mehrjährigen Gewächse liegt in den Herbstmonaten von September bis Oktober und in den Frühlingsmonaten von März bis Mai.
Denken Sie beim Verteilen der Jungpflanzen immer daran, welchen Umfang die erwachsenen Stauden haben werden. Danach richtet sich der Abstand. Auch die Höhe der blühenden Pflanzen muss bedacht werden. Die »Riesen«, wie zum Beispiel die Rittersporne, müssen deshalb in den Hintergrund gerückt werden. Im breiten Mittelfeld finden die halbhohen Stauden wie Margeriten und Phlox Platz. Im Vordergrund können sich die kleinwüchsigen Stauden ausbreiten. Die wechselnden Blütezeiten und die Farben müssen ebenfalls geschickt miteinander kombiniert werden. Staudenrabatten oder -beete wirken besonders ausgewogen, wenn mehrere Pflanzen einer Art zusammengesetzt werden. So entstehen immer wieder ruhige Inseln im bunten Blütenmeer.
Für die Pflege des Staudenbeetes ist es wichtig, dass der Boden offen bleibt, damit die Erde gelockert und gedüngt werden kann. Der Gärtner braucht Platz, um Stängel abzuschneiden und um zu gießen. Damit in einem frisch angelegten Beet die Erde nicht austrocknet, können Sie in alle Lücken Sommerblumen aussäen. Schon bald schließt sich dann die Pflanzendecke. Im Herbst, wenn die einjährigen Bodendecker ihr kurzes Leben beendet haben, wandern sie auf den Kompost. Das Staudenbeet kann dann wieder bearbeitet werden.
Die folgenden Beispiele zeigen nur eine kleine Auswahl aus dem umfangreichen Sortiment. Es sind vor allem solche Stauden, die in der Tradition alter Bauerngärten wurzeln und die besonders gut zum Biogarten passen. Sie haben den Vorteil, dass die meisten von ihnen lebensstark und unkompliziert sind. Wenn Sie mit Akeleien und Margeriten Erfahrungen gesammelt haben, können Sie sich später auch auf anspruchsvollere Blütenabenteuer einlassen.

# Akeleien
## (Aquilegia)

Akeleien sind ein Muss für jeden Biogarten. Ihre Ursprünge reichen weit zurück in die Gartenvergangenheit. Die tiefblau blühende heimische Wildart *(A. vulgaris)* war noch bis vor wenigen Jahrzehnten in unseren Wäldern verbreitet. Jahrhunderte alt sind die Akeleien aus den Bauerngärten, die in Weiß, Rosa, Dunkelrot, Lilablau und Dunkelviolett blühen. Es sind immer noch die gleichen Formen, die schon Albrecht Dürer in seinen Bildern verewigt hat. Hinzu gekommen sind neue Züchtungen *(A. caerulea-*Hybriden), die besonders langspornig und großblumig sind.

Akeleien lieben feuchten Humus. Sie gedeihen gut im lichten Halbschatten, aber auch problemlos in der Sonne. In der Blütezeit von Mai bis Juni erreichen sie 40–60 cm Höhe. Wo sie

**Wer könnte dem Zauber der Akeleien widerstehen? Zum naturgemäßen Garten passen gut die uralten Bauerngarten-Sorten.**

einmal heimisch geworden sind, da säen sich Akeleien leicht von selbst aus.

Versuchen Sie auf jeden Fall die alten Bauerngartenformen zu bekommen, sie passen am schönsten in einen naturgemäßen Garten. Bezugsquellen für alte Sorten und Wildstauden finden Sie im Anhang.

**Arten und Sorten**

'Grandmothers Garden' ist eine Mischung alter Bauerngarten-Akeleien in allen Farben. 'Black Barlow' *(A. vulgaris-*Züchtung) bezaubert mit schwarzvioletten gefüllten Blüten; die *A. caerulea-*Hybride 'Kristall' blüht reinweiß.

**Tipp:** Akeleien sind zauberhafte Schnittblumen. Pflanzen Sie sie zu Tränendem Herz, Glockenblumen und Pfingstrosen – so entsteht eine romantisches Gartenbild wie zu Großmutters Zeiten.

# Aster
## (Aster dumosus, A.-novae-angliae, A. novi-belgii u. a.)

Astern läuten den Herbst im Garten ein. Die Familie dieser reich blühenden Korbblütler ist sehr vielseitig. Für den Anfang und zum Kennenlernen werden hier die späten Arten vorgestellt, die von September bis Oktober blühen. Bei den Herbstastern können Sie wählen zwischen niedrigen Kissenastern, die nur 30–50 cm Höhe erreichen, und den hohen Glatt- oder Raublattastern, die mühelos 100–150 cm hoch wachsen. Alle Astern lieben einen sonnigen Standort und nahrhaften durchlässigen Boden. Binden Sie diese stattlichen Astern rechtzeitig hoch, damit sie im Herbst bei Wind oder Regen nicht umfallen. Ältere

Exemplare sollten geteilt und neu gepflanzt werden. Alle Astern haben ein reiches Farbenspiel zu bieten, das von weißen über rosa und lila bis zu weinroten und violetten Tönen reicht.

### Arten und Sorten

- **Kissenastern** *(Aster dumosus)* 'Herbstgruß vom Bresserhof' – leuchtend rosa; 'Kassel' – karminrot; 'Prof. A. Kippenberg' – alte Sorte in Lavendelblau; 'Kristina' – halbgefüllt in Reinweiß
- **Raublattastern** *(Aster novae-angliae)* 'Alma Pötschke' – leuchtend rosa, bewährte Sorte; 'Rubinschatz' – herrliche alte Foerstersorte, rubinrot. 'Violetta' – purpurviolett
- **Glattblattastern** *(Aster novi-belgii)* 'Schöne von Dietlikon' – dunkel blauviolett; 'Crimson Brocade' – karminrot.

**Tipp:** Staudenastern sind zur Blütezeit ein Paradies für Schmetterlinge! Glattblattastern sind mehltaugefährdet. Der junge Austrieb ist bei

**Ein Herbsttraum in tiefem Violett – die traditionsreiche hohe Staudenaster 'Schöne von Dietlikon' ist ein Gewinn für viele Staudenbeete.**

Schnecken beliebt. Pflanzen Sie in rauen Landschaften mit hohen Niederschlägen lieber die robusten Raublattastern.

## Chrysantheme
### *(Dendranthema × grandiflorum,* früher *Chrysanthemum × hortorum)*

Chrysanthemen blühen spät im Herbst. Diese Stauden aus uraltem asiatischem Gartenadel verleihen dem Biogarten das Flair alter Bauerngartenkultur. Chrysanthemen duften unverwechselbar herb nach Vergänglichkeit. Schön und ein wenig schwermütig leiten sie den Abgesang des Gartenjahres ein.

Pflanzen Sie Chrysanthemen an einen sonnigen aber geschützten Platz mit 40–60 cm Abstand. Ein lehmiger, nahrhafter Boden ist ideal. Versorgen Sie diese Stauden mit organischem Dünger und Brennnessel-Jauche. Die ideale Pflanzzeit ist das Frühjahr. Chrysanthemen erreichen, je nach Sorte, eine mittlere Wuchshöhe von 40–80 cm. Sie blühen von September bis November in Weiß, Gelb, bräunlichen Tönungen, Rosa und Rot. In sehr kalten Wintern brauchen Chrysanthemen Frostschutz.

### Alte bewährte Sorten

'Kleiner Bernstein' – halbgefüllt, bräunliches Orange; 'Schweizerland' – gefüllt, leuchtend rosa; 'Clara Curtis' – einfach, reinrosa; 'L'Innocence' – einfach, zartrosa; 'Fellbacher Wein' – halbgefüllt, warmes Weinrot; 'Weißer Riese' – halbgefüllt, weiß.

**Tipp:** Chrysanthemen sind wunderschöne, haltbare Schnittblumen für herbstliche Sträuße. Schützen Sie den jungen Austrieb im Frühling vor den Schnecken!

# Iris oder Schwertlilie
*(Iris)*

Iris hatten in alten Klostergärten einen Platz zwischen den Heilpflanzen. Jahrhundertelang wurde ihre farbenfrohe Schönheit in den Bauerngärten geschätzt. Den Namen Iris erhielten sie von der Göttin des Regenbogens, weil sie in allen nur erdenklichen Farben blühen. Schwertlilien nannte man sie wegen ihrer steifen, schwertförmigen Blätter.

Die beste Pflanzzeit für Iris liegt in den Monaten Juli bis August nach der Blütezeit. Wählen Sie einen sonnigen Platz mit gutem Wasserabzug. Iris vertragen keine Staunässe, der Boden sollte aber humusreich sein. Die dicken fleischigen Rhizome (Wurzelsprosse) der Iris werden flach gepflanzt und höchstens 2–3 cm mit Erde bedeckt. Je nach Art und Sorte blühen die Schwertlilien von Mai bis Juni. Sie wachsen 20–100 cm hoch. Ihr Farbenreichtum ist un-

**Alte Irissorten wie die kontrastreiche 'Wabash' sind robust und gesund. Sie bilden üppige Horste.**

begrenzt – Iris blühen in Weiß, Gelb, Braun, Rosa, Rot Blau und Violett.

Die Fülle prächtiger neuer Züchtungen ist fast unübersehbar. Diese Iris-Germanica-Hybriden werden in niedrige, halbhohe und hohe Gruppen eingeteilt. Daneben gibt es noch die uralte Deutsche Schwertlilie mit ihren hell-lila Blüten und die heilkräftige Florentinische Iris in lila und weiß, die aus Italien stammt. Auch alte Schwertliliensorten aus der Bauerngartentradition werden wieder angeboten. Sie sind sehr widerstandsfähig und passen besonders gut in den Biogarten. Bezugsquellen finden Sie im Anhang.

**Alte Arten:**

**Deutsche Schwertlilie** *(I. germanica* var. *germanica)* – blasslila, robust und reichblühend;

**Florentinische Iris** *(I. germanica* 'Florentina') – blasslila oder weiß, heilkräftige Wurzeln (die Veilchen- oder Zahnwurzel wird heute noch kleinen Kindern beim Zahnen zum Kauen gegeben);

**Alte Sorten:**

'Rheintraube' – lavendelblau und dunkelblau; 'Rheingauperle' – lila-rosa, Hängeblätter mit hellen Adern; 'Wabash' – weißer Dom, purpurviolette Hängeblätter mit weißem Rand; 'Kupferhammer' – warmes Goldgelb und Rotbraun, mittelhoch.

**Neue Züchtungen:**

**Niedrige Sorten** *(Iris*-Barbata-Nana-Gruppe): 'Cyanea' – violettblau; 'Little Rosy Wings' – rubinrot; 'Brassie' – goldgelb.

**Mittelhohe und hohe Sorten** *(Iris*-Barbata-Media- und Barbata-Elatior-Gruppe): 'Ola Kala' – sattes Goldgelb; 'Toelleturm' – schneeweiß und tief-violett; 'Cliffs of Dover' – reinweiß; 'Fuchsjagd' – fuchsrot; 'Night Owl' – schwarzblau; 'Pink Satin' – rosa.

## Lupine
### *(Lupinus)*

Lupinen sind prachtvolle unkomplizierte Frühsommerblüher. Pflanzen Sie sie mit 50 cm Abstand, damit sich kräftige Büsche entwickeln können. Diese Stauden wachsen in der Sonne und im lichten Halbschatten. Sie lieben humusreiche, möglichst etwas saure Erde. Da sie zu den Stickstoffsammlern gehören, werden sie nicht stark gedüngt. Geben Sie ihnen Kompost. Zur Blütezeit von Mai bis Juli erreichen die Lupinen 80–120 cm Höhe. Die herrlichen Blütenkerzen leuchten in weißen, rosa, roten, gelben und blau-violetten Farbtönen. Oft sind sie zweifarbig. Wenn Sie die großen Samenkörner selber ernten und aussäen, erhalten Sie überraschende neue Farbmischungen.
**Sorten:**
'Schloßfrau' – rosa-weiß; 'Kronleuchter' – gelbe Farbtöne; 'Kastellan' – blau.
**Tipp:** Lupinen sind herrliche Schnittblumen. Wenn Sie verblühte Stauden rechtzeitig zurückschneiden, gibt es im Herbst eine Nachblüte.

## Margerite
### *(Leucanthemum maximum)*

Margeriten sind Leuchtpunkte im Sommergarten. Die ungefüllten Sorten erinnern immer noch an die wuchernden wilden Wiesenmargeriten. Pflanzen Sie diese robusten Stauden mit 50 cm Abstand an einen sonnigen Platz. Sie gedeihen in jedem Garten, am besten aber in einem humusreichen, guten Boden. Geben Sie ihnen Kompost und Brennnessel-Jauche. Die Blütezeit liegt im Hochsommer in den Monaten Juli bis August. Je nach Sorte wachsen Margeriten 50–100 cm hoch. Ihre Farbe ist ein reines Weiß. Es gibt einfache und gefüllte Sorten.
**Sorten:**
'Gruppenstolz' – bewährte Sorte, einfache weiße Blüten; 'Christine Hagemann' – locker gefüllte Blüten; 'Wirral Supreme' – klassische Sorte mit dichtgefüllten Blumen.
**Tipp:** Das klare Weiß der Margeriten wirkt besänftigend zwischen allzu starken Farbtönen im Staudenbeet. Alle Margeriten sind haltbare Schnittblumen.

## Türkenmohn
### *(Papaver orientale)*

Die Mohnblüte entfaltet orientalische Pracht und Üppigkeit im Garten. Dem Zauber der großen seidigen Blütenkelche kann sich niemand entziehen. Der Türkenmohn liebt einen Platz in

'Princess Victoria' ist eine von vielen Mohnzüchtungen, deren Blütenkelche wunderschön sind.

der vollen Sonne und nahrhaften, lockeren Boden, in den seine lange Pfahlwurzeln leicht eindringen können. Pflanzen Sie mit 40–50 cm Abstand. Die Blütezeit ist Mai bis Juni. Je nach Sorte erreicht der Mohn 60–90 cm Höhe. Nach der Blüte ziehen die Pflanzen ein.

**Sorten:**

'Türkenlouis' – leuchtend rot, gefranste Blüten- blätter; 'Perry's White' – schneeweiß mit dunk- len Flecken im Kelchgrund, bewährte Sorte; 'Helen von Stein' – feines Altrosa, gewellte Blütenblätter; 'Patty's Plum' – apartes Pflaumen- lila, eine neue englische Sorte.

**Tipp:** Der junge Austrieb ist durch Schnecken gefährdet! Kombinieren Sie den prächtigen Mohn mit Rittersporn und Margeriten.

# Pfingstrose
### (Paeonia officinalis und P. lactiflora)

Pfingstrosen sind uralte Kulturpflanzen. Die Bauernpfingstrose mit den dicken weinroten Blütenbällen ist bei uns seit Jahrhunderten heimisch. Die vielen prachtvollen Züchtungen stammen dagegen von der Chinesischen Pfingstrose ab. Von ihnen gibt es gefüllte und einfache Sorten. Pfingstrosen lieben die Sonne und möchten in einem nährstoffreichen, feuch- ten Boden wachsen. Für reichlich Kompost und Dünger sind sie dankbar. Wichtig ist, dass Sie die fleischigen Wurzeln nicht zu tief pflanzen. Der Vegetationspunkt darf höchstens 3 cm mit Erde bedeckt sein!
Geben Sie diesen Stauden einen Platz, an dem sie viele Jahre ungestört wachsen dürfen. Der Abstand sollte 100 cm betragen. Pfingstrosen blühen von Mai bis Juni; sie werden je nach

Sorte 60–80 cm hoch. Die beste Pflanzzeit für Pfingstrosen liegt im frühen Herbst.
Zum naturgemäßen Garten passen natürlich be- sonders gut die alten Bauerngarten-Pfingstrosen. Aber der Schönheit der Chinesischen Paeonien kann sich auch ein Biogärtner nicht entziehen. Sie blühen in weißen, rosa und roten Farben.

**Arten und Sorten:**

**Bauernpfingstrosen** *(P. officinalis)*
'Rubra Plena' – dunkelrot, gefüllt; 'Alba Plena' – weiß, gefüllt.

**Chinesische Pfingstrosen** *(P. lactiflora)*
'Avantgarde' (1907) – einfache pfirsichrosa Blü- ten mit gelber Mitte; 'Festiva Maxima' (1851) – reinweiß mit roten Flecken, gefüllt und duftend; 'Jeanne D'Arc' (1858) – gefüllte rosa Blüten- bälle mit cremegelber Mitte; 'Lotus Queen' (1947) – große einfache Blütenschalen in Weiß mit gelber Mitte, zarter Duft; 'Sarah Bernhardt' (1906) – rosenrosa, gefüllt und duftend.

**Tipp:** Stützen Sie die Pfingstrosen rechtzeitig, damit die schweren Blüten bei Regen nicht zu Boden gedrückt werden.

**Zu den Chinesischen Pfingstrosen zählt die be- rühmte alte Züchtung 'Sarah Bernhardt'.**

# Phlox
## (Phlox paniculata und P. maculata)

Phlox duftet süß durch warme Sommerabende. Seine üppige Blütenfülle bereichert auch den kleinen Garten viele Wochen lang. Pflanzen Sie diese Stauden, die den Zauber ländlicher Tradition verbreiten, mit 50–80 cm Abstand an einen sonnigen Platz oder in den lichten Schatten. Phlox liebt nahrhaften, durchlässigen Humus. Versorgen Sie ihn mit Kompost, Hornspänen und Brennnessel-Jauche. Die Stauden wachsen 70–100 cm hoch.

Wenn Sie frühe und späte Sorten kombinieren, kann die Blütezeit von Juli bis September dauern. Das Farbenspiel reicht von Weiß über Rosa und Rot bis zu Lila und dunklem Violett. Phloxstauden können bei guter Pflege sehr alt werden. Sie schenken Ihnen auch wunderschöne Schnittblumen für den Sommerstrauß. *Phlox paniculata* ist der klassische Bauerngarten-Phlox. Die schönsten Sorten stammen von dem berühmten Staudenzüchter Karl Foerster. *Phlox maculata,* der Wiesenphlox, passt mit seinen länglichen, pyramidenförmigen Blütenrispen besonders gut in naturnahe Pflanzungen.

**Arten und Sorten:**

**Wiesenphlox** *(P. maculata)*
'Alpha' – alte Sorte mit lilarosa langen Blütenrispen; 'Omega' – weiße Blüte mit dunkelrosa Auge; 'Rosalinde' – karminrosa mit dunklem Auge

**Bauerngarten-Phlox** *(P. paniculata)*
'Kirmesländler' – weiß mit rotem Auge, spät, Foerster-Züchtung; 'Dorffreunde' – kräftiges Rosa mit rotem Auge, spät, Foerster-Züchtung; 'Pastorale' – warmes Rosa, mittelfrüh, Foerster-Züchtung; 'Württembergia' – dunkelrosa, mittel-

früh, alte Landsorte; 'Düsterlohe' – dunkelviolett, früh, Foerster-Züchtung; 'Wilhelm Kesselring' – hellviolett mit weißem Auge, früh, traditionsreiche Sorte; 'Pax' – reinweiß, spät.

**Tipp:** Vorbeugend gegen die weit verbreiteten Stängelälchen wirkt vor allem ausgewogene Ernährung. Schneiden Sie kranke Stängel sofort tief am Boden ab. In trockenen Sommerwochen muss Phlox reichlich gewässert werden.

# Rittersporn
## (Delphinium-Hybriden)

Rittersporn holt Ihnen das Blaue vom Himmel in den Garten. Die hohen Blütentürme dieser prachtvollen Stauden bilden den strahlenden Höhepunkt der Frühsommerblüte im Garten. Die wunderbaren intensiven Blautöne leuchten magisch über allen Gefährten im Staudenbeet. Um eine solche Blütenpracht entfalten zu können, braucht der Rittersporn einen gut vorbereiteten nahrhaften Boden. Düngen Sie mit

**Eine beliebte Phloxsorte ist die traditionsreiche Foerster-Züchtung 'Kirmesländler'.**

Kompost, einem gehaltvollen organischen Mischdünger und BrennnesselJauche. Setzen Sie die jungen Pflanzen – am besten im Frühling – an einen sonnigen Platz mit 40–50 cm Abstand. Während der Blüte erreichen Rittersporne, je nach Sorte, die stattliche Höhe von 70–180 cm.

Vom hellsten Blau bis zum nachtdunklen Violett reicht die Farbskala. Es gibt auch weiße Sorten. Neue Züchtungen enthalten sogar rosa Töne. Rittersporne werden in drei wichtige Gruppen unterteilt: Die Belladonna-Hybriden sind niedriger und zierlicher; die Elatum-Hybriden bilden die hoch wachsende Gruppe mit dichten Blütenrispen an langen Stielen. Die Pacific-Hybriden stammen aus Amerika, ihre großen Blüten sind gefüllt. Der »Vater der Rittersporne« ist der große Staudenzüchter Karl Foerster. Seine hervorragenden Sorten mit den klang-

**Rittersporne leuchten in starken Blautönen. Die Sorte 'Piccolo' eignet sich für kleine Gärten.**

vollen Namen sind immer noch die Stars im blauen Blütenmeer.

**Arten und Sorten:**

**Belladonna-Hybriden**

'Kleine Nachtmusik' – dunkellila, 80 cm, Foerster-Züchtung, gut für kleine Gärten; 'Piccolo' – leuchtend enzianblau, 80–100 cm, gut für kleine Gärten

**Elatum-Hybriden**

'Berghimmel' – himmelblau mit weißem Auge, 170 cm, Foerster-Züchtung; 'Finsteraarhorn' – tief enzianblau mit dunklem Auge, 170 cm, Foerster-Züchtung; 'Jubelruf' – strahlendes Mittelblau, 180 cm, Foerster-Züchtung; 'Perlmutterbaum' – Hellblau mit Zartrosa, 180 cm, Foerster-Züchtung; 'Tempelgong' – Nachtblau mit Purpur, 180 cm, Foerster-Züchtung.

**Pacific-Hybriden**

'Astolat' – lilarosa, 180 cm; 'King Arthur' – dunkelviolett mit schwarzem Auge, 180 cm; 'Galahad' – weiß, 180 cm.

**Tipp:** Rittersporn ist leider auch bei den Schnecken beliebt. Schützen Sie vor allem den jungen Austrieb. Wenn Sie die Stauden nach der Blüte auf 10–20 cm zurückschneiden, treiben sie noch einmal durch und schenken Ihnen eine herbstliche Nachblüte.

## Tränendes Herz
### (Dicentra spectabilis)

Das Tränende Herz ist eine bezaubernd altmodische Staude aus Großmutters Bauerngarten. Wie kleine rosa Herzen sind die Blüten an gebogenen Stielen aufgereiht. Wo es den richtigen Platz gefunden hat, da kann dieses nostalgische Schmuckstück alt und üppig werden.

Pflanzen Sie das Tränende Herz in den lichten Schatten, wo der Boden feucht und humusreich ist. Planen Sie dabei 40–50 cm Abstand ein, weil die Stauden mit der Zeit breite Büsche bilden. Zur Blütezeit im Mai wachsen sie 50–70 cm hoch. Das Tränende Herz blüht rosarot oder weiß.

**Arten und Sorten:**

**Das Tränende Herz** *(D. spectabilis)* ist eine einzigartige Erscheinung, es gibt keine Züchtungen; 'Alba' ist eine weißblühende Variation.

**Die Zwerg-Herzblume** *(D. eximia)* treibt kleine rosarote Herzblüten über zierlich gefiedertem Laub. Sie wird nur 30 cm hoch und blüht lange Zeit von Mai bis Juli. 'Alba' ist eine weiß blühende Form.

**Tipp:** Im Sommer zieht sich das Tränende Herz in die Erde zurück. Die Blätter sterben ab. Dann entsteht eine leere Stelle im Beet, die Sie mit

Sommerblumen füllen können. Gehen Sie vorsichtig mit der zarten Großmutterstaude um: Stängel und Wurzeln sind sehr zerbrechlich!

# Dahlie
## *(Dahlia-Hybriden)*

Aus den ursprünglichen Wildformen der Dahlien hat sich längst eine Fülle dekorativer Züchtungen entwickelt. Dahlien gehören zwar zu den langlebigen Stauden, aber sie sind nicht winterhart. Daran erkennt man noch, dass sie Kinder aus einem warmen Land sind.
Pflanzen Sie die fleischigen Dahlienknollen erst ab Mitte Mai, damit die frostempfindlichen Triebe keine Schäden erleiden. Wählen Sie einen sonnigen Platz und halten Sie je nach Sorte 30–70 cm Abstand ein. Die Dahlien lie-

Das Tränende Herz blüht seit Jahrhunderten unverändert in Rosa und Weiß.

Wer denkt beim Anblick der farbenfrohen Dahlien noch daran, dass diese Blumen aus Mexiko einwanderten?

ben einen nährstoffreichen, lockeren Boden. Verwöhnen Sie sie mit Kompost und organischem Dünger, damit sie genügend Kraft haben, ihre üppige, lang anhaltende Blütenfülle zu entwickeln. Je nach Sorte erreichen diese »Blumen der Azteken« 30–170 cm Höhe. Die Blütezeit dauert von Juli bis Oktober. Dahlien blühen in allen Farben des Spektrums, nur blaue Töne fehlen.

Nach dem ersten Frost werden die Dahlienknollen ausgegraben und im Keller in Kisten mit feuchtem Sand eingeschlagen.

Aus dem großen Farben- und Formenreichtum der Dahlien hier eine kleine »Schnupper-Auswahl«. Die Zahl der Züchtungen ist riesengroß. Bezugsquellen finden Sie im Anhang.

Die zierlichen 'Butterfly'-Gladiolen fügen sich besonders gut in naturgemäße Pflanzungen ein.

**Dahlien-Gruppen:**

- **Kaktus-Dahlien** haben große elegante Blüten, deren Blütenblätter schmal und spitz auslaufen; 80–170 cm hoch.
- **Dekorative Dahlien** nannte man früher Schmuckdahlien. Dies ist die prachtvollste Gruppe mit den größten Blüten. Ihre Form ist rundlich und üppig gefüllt; Höhe bis 170 cm.
- **Einfachblühende Dahlien,** früher Mignondahlien genannt, bleiben 30 cm niedrig und öffnen rundliche, ungefüllte Blüten.
- **Pompon- und Ball-Dahlien** strahlen einen altmodischen Charme aus. Ihre dicht gefüllten Blüten gleichen runden Kugeln; Höhe 90–100 cm.

**Alte historische Sorte:**

Einige wenige alte Züchtungen werden wieder angeboten. Am weitesten verbreitet ist 'Bishop of Llandaff'. Die Pflanzen besitzen auffallend dunkles Laub und tiefrote Blüten, die leicht gefüllt sind. Höhe 90–100 cm.

**Tipp:** Dahlientriebe gehören zu den Lieblingsspeisen der Schnecken. Wenn Sie sie in großen Töpfen vortreiben, gehen Sie der größten Gefahr aus dem Weg.

## Gladiolen
### (Gladiolus-Hybriden)

Gladiolen liefern Prachtblüten für die Hochsommerrabatte oder für ein Schnittblumenbeet. In ländlichen Gärten waren diese unkomplizierten Stauden, die aus Knollen wachsen, immer sehr beliebt. Setzen Sie die flachen Knollen möglichst ab April mit 10–20 cm Abstand 10 cm tief in humusreichen möglichst etwas sandigen Boden. Gladiolen lieben die Sonne, sind aber sonst nicht besonders anspruchsvoll. Je nach Sorte werden diese Sommerblumen 60–120 cm hoch. Sie blühen von Juli bis September in fast allen Farbtönen. Nur das blaue Spektrum fehlt. Im Herbst müssen Sie die Knollen ausgraben und trocken im Haus überwintern.

**Arten und Sorten:**

- **Hohe Prachtgladiolen** werden in zahlreichen Züchtungen in fast unerschöpflichen Farbvariationen angeboten.
- **Babygladiolen** *(G. nanus* u. a.) sind zierliche Verwandte der Prachtgladiolen. Sie blühen schon früher von Juni bis Juli und werden nur 40–60 cm hoch. Ihre anmutigen Blüten passen gut in naturnahe Gärten, die nicht mit »Glanz und Gloria« prunken möchten. Die Kultur ist die gleiche wie bei den großen Gladiolen. Empfehlenswerte Sorten sind 'Prins Claus' – weiß mit karminroten Flecken und 'Charming Beauty' *(G. tubergenii)* – rosa mit weißer Lippe.
- **Wildgladiolen** sind bei uns heimisch. Die **Gemeine Siegwurz** *(G. communis* subsp. *communis)* blüht rosaviolett, sie ist winterhart und wirkt schön in naturnahen Pflanzungen.

# Madonnenlilie
### *(Lilium candidum)*

Sie ist der Inbegriff des alten Kloster- und Bauerngartens. Es gibt keine Zuchtformen von dieser Lilie. Ihre makellos weißen, trichterförmigen Blüten blieben sich immer gleich. Ihr süßer, schwerer Duft scheint aus alten Zeiten in unsere Gärten zu wehen. Die großen Zwiebeln müssen schon frühzeitig im August, spätestens im September, gepflanzt werden. Sie dürfen nur 3 cm hoch mit Erde bedeckt sein. Setzen Sie mindestens drei Zwiebeln in einer Gruppe. Der Standort sollte sonnig sein. Alle Lilien lieben einen guten, durchlässigen Humus und gleichmäßige Feuchtigkeit. Stauende Nässe ist dagegen schädlich, sie lässt die Zwiebeln faulen. Madonnenlilien erreichen stattliche 1,20–1,50 m Höhe. Sie blühen von Juni bis Juli.

Diese uralten Lilien ziehen nicht gerne um. Wählen Sie den Standort so, dass sie dort lange ungestört wachsen können. Madonnenlilien werden im Handel nicht mehr überall angeboten. Bezugsquellen finden Sie im Anhang. **Tipp:** Schützen Sie den jungen Austrieb vor Schnecken und die Zwiebeln vor Wühlmäusen.

**Madonnenlilien sind uralte Wahrzeichen der Kloster- und Bauerngarten-Tradition.**

# Adressen, die Ihnen weiterhelfen

**Untersuchungsanstalten
für Bodenproben**
VDLUFA / Landwirtschaft-
liche Untersuchungs- und
Forschungsanstalten
c/o LUFA Speyer
Obere Langgasse 40
67346 Speyer
www.vdlufa.de

**In Österreich:**
Institut für Umwelttechnik
Prof. Brantner
Maygasse 8
A-8010 Graz

**In der Schweiz:**
Eidgenössische Forschungs-
anstalt Schloß
Postfach 185
CH-8820 Wädenswil

**Biologische Dünger- und
Pflanzenschutz-Produkte**
Snoek GmbH
Tannenweg 10
27356 Rotenburg
(Wümme)
www.snoek-
naturprodukte. de
(Pflanzenschutz- und -pfle-
gemittel, Dünger aus Algen
und Trester, Steinmehl)

W. Neudorff GmbH KG
Postfach 1209
31857 Emmertal
www.neudorff.de
(Dünger, Algenprodukte,
Pflanzenpflege, Pflanzen-
schutz)

Niem-Handel
Waldstr. 3
64579 Gernsheim
www.niem-handel.de
(große Auswahl von
Niembaum-Produkten)

Keller GmbH & Co. KG
Konradstr. 17
79100 Freiburg i. Br.
www.biokeller.de

(umfassendes Programm,
Schneckenzäune, Stein-
mehl)

Oscorna Dünger GmbH
& Co.
Postfach 4267
89032 Ulm
www.oscorna.de
(organische Spezialdünger,
Algenprodukte, Pflanzen-
schutz- und -pflege-
programm)

**In Österreich:**
Bio-Furtner
Hauptstr. 5
A-3031 Rekawinkel
www.bio-furtner.com
(Pflanzenschutz- und
-pflegeprogramm)

**In der Schweiz:**
Andermatt Biocontrol
Stahlermatten 6
CH-6146 Großdietweil
www.biocontrol.ch
(Pflanzenschutz- und
-pflegeprogramm)

**Gemüse- und Blumen-
Saatgut**
Karsten Ellenberg
Bioland-Hof
Ebstorfer Str. 1
29576 Barum
www.kartoffelvielfalt.de
(alte Kartoffelsorten)

naturwuchs
Bardenhorst 15
33739 Bielefeld-Vilsendorf
www.naturwuchs.de
(alte Kartoffelsorten,
Akeleien 'Grandmother's
Garden' u. a.)

Dreschflegel
Postfach 1213
37202 Witzenhausen
www.dreschflegel-
saatgut.de
(Bio-Saatgut, alte
Kulturpflanzen)

Ferme de Sainte Marthe
Eulengasse 3
55288 Armsheim
www.bio-saatgut.de
(alte Sorten, Tomaten,
Zucchini u. a.)

**Kräuter**
Rühlemann's
Kräuter und Duftpflanzen
Auf dem Berg 2
27367 Horstedt
www.ruehlemanns.de
(große Auswahl heimischer
und internationaler Kräuter-
Spezialitäten)

herb's
Bioland-Gärtnerei &
Pflanzen-Versand
Stedinger Weg 16
27801 Nuttel
www.herb-s.de
(viele Spezialitäten,
großes Minzensortiment)

Syringa
Duft- und Würzkräuter
Dipl.-Biol. B. Dittrich
Bachstr. 7
78247 Hilzingen-
Binningen
www.syringa-samen.de
(Kräuter und Duftpflanzen)

**In der Schweiz:**
Gärtnerei Silberdistel
Ch. und U. Fotsch-Eicher
CH-3855 Brienz
(Kräuter und Heilpflanzen)

**Stauden**
Staudengärtner Klose
Rosenstr. 10
34253 Lohfelden
www.staudengaertner-
klose.de
(Foerster-Züchtungen,
großes Pfingstrosen-
Sortiment)

Arends-Maubach
Monschaustr. 76
42369 Wuppertal-
Ronsdorf
www.arends-maubach.de
(großes Sortiment,
Foerster-Züchtungen)

Dieter Gaißmayer
Staudengärtnerei
Jungviehweide 3
89257 Illertissen
www.staudengaiss-
mayer.de
(Phlox, Rittersporne, Foerster-Züchtungen)

**In Österreich:**
Stauden Feldweber
A-4974 Ort im Innkreis
www.feldweber.com
(großes Pfingstrosen-
Sortiment, Iris)

**In der Schweiz:**
Frei
Weinland-Stauden
Breitestr. 5
CH-8465 Wildenbuch/ZH
(großes Pfingstrosen-
Sortiment)

**Obstbäume und
Beerenobst**
Hermann Cordes
Lülanden 4
22880 Wedel (Holstein)
(alte Apfelsorten und
anderes Obst)

Klaus Ganter
Baumschule
Baumstr. 2
79369 Wyhl am
Kaiserstuhl
www.ganter-baden.de
(alte Apfel- und
Pflaumen-
Sorten)

# Stichwortverzeichnis

# Über die Autorin

Marie-Luise Kreuter lernte schon als Kind im elterlichen Garten den Umgang mit Zier- und Nutzpflanzen. Nach ihrem Ethnologie-Studium absolvierte sie beim SWF eine Journalismus-Ausbildung und spezialisierte sich bald auf gärtnerische Themen. Es entstanden zahlreiche Bücher, Artikel sowie Rundfunk- und Fernsehsendungen. 1981 legte sie im Oberbergischen Land einen öffentlichen Bio-Bauerngarten an, der auch als Lehrgarten diente. Im gleichen Jahr erschien auch die 1. Auflage ihres Werkes »Der Biogarten«, der mittlerweile zum Bestseller avancierte und nunmehr in der 25. Auflage vorliegt. 1985 begleitete Marie-Luise Kreuter als Fachberaterin und Autorin den Start der Zeitschrift kraut & rüben, die sie viele Jahre als Herausgeberin betreute. Als »die« Biogärtnerin der Nation verfasste sie viele Bücher und zahllose Zeitschriftenartikel.

## Impressum

### Bibliografische Information der Deutschen Nationalbibliothek

Die Deutsche Nationalbibliothek verzeichnet diese Publikation in der Deutschen Nationalbibliografie; detaillierte bibliografische Daten sind im Internet über http://dnb.d-nb.de abrufbar.

2. Auflage

**BLV Buchverlag GmbH & Co. KG**

80797 München

© 2014 BLV Buchverlag GmbH & Co. KG, München

### Hinweis
Das vorliegende Buch wurde sorgfältig erarbeitet. Dennoch erfolgen alle Angaben ohne Gewähr. Weder Autor noch Verlag können für eventuelle Nachteile oder Schäden, die aus den im Buch vorgestellten Informationen resultieren, eine Haftung übernehmen.

**Bildnachweis:**

Baumjohann: 2/3, 23, 26, 51, 54o, 60, 65u, 74, 98o; Borstell: 6, 80, 92o, 93, 94, 129u, 136; Bross-Burkhardt: 9, 14o, 15o, 25, 28, 61l, 68r, 138; Burkhardt, G.E.: 16r; Dittmer: 22, 86; Flora Press/Biosphoto: 78; Flora Press/Practical Pictures: 89; GBA/GPL: 49l; GBA/Noun: 72m; König: 91; LianeM-Fotolia.com: 108; Pforr: 18, 24, 29, 30l, 30r, 31, 32, 34o, 36, 37, 40o, 40u, 46, 46/Einkl., 101r, 103r, 109l, 119o, 122, 134; Redeleit: 1, 11, 12, 15u, 16l, 17, 19r, 21, 27, 35l, 41u, 44, 55, 59l, 61r, 77, 83, 98u, 102, 105, 116, 132l, 132r, 139; Reinhard: 8, 10, 14u, 34u, 35r, 38, 42, 45, 47, 50, 52, 54u, 57r, 59r, 63r, 66, 67, 69o, 70, 71o, 72u, 75ur, 82, 84, 85, 88l, 88r, 90o, 90u, 95, 96, 100, 103l, 107l, 107r, 109r, 115l, 115r, 117, 119u, 124, 125, 126, 127, 128o, 129o; Ruckszio: 87; Seidl: 49r, 92u, 112, 113, 118, 123, 128u, 131, 135, 137; Stein: 48, 56l, 56r, 57l, 58o, 58u, 62, 63l, 64, 65o, 69u, 72o, 73o, 73u, 75ol, 75or, 75ul, 79, 101l, 130; Strauß: 99; Sulzberger: 13, 41o, 68l, 121; West-Fotolia.com: 104; Willner: 19l, 33, 43, 110, 114

Umschlagkonzeption: Kochan & Partner, München
Umschlagfotos: garden-collection/Gary K. Smith (vorne); Borstell (hinten)

Programmleitung: Dr. Thomas Hagen
Lektorat: Christa Klus-Neufanger, Sandra-Mareike Kreß
Herstellung: Hermann Maxant
Layout: Uhl + Massopust GmbH, Aalen

Gedruckt auf chlorfrei gebleichtem Papier

Printed in Germany - ISBN 978-3-8354-0926-2

# Gartenfrisch auf den Tisch: Gemüse, Obst und Kräuter

Elke von Radziewsky/Jürgen Holzenleuchter
**Der Selbstversorger-Garten**
Das umfassende Grundlagenbuch, das Lust aufs Landleben macht · Gemüse, Obst und Kräuter selbst anbauen, ernten und verwerten – mit Vorratshaltung und Rezepten · Interessante Hintergrund-Reportagen über besonders erfahrene Nutzgarten-Spezialisten.
**ISBN 978-3-8354-0754-1**